ほんとうに頭がよくなる世界最高の子ども英語

Cultivating Intelligence through Language Acquisition: Practical English for Developing Children

［わが子の語学力のために親ができること全て！］

J PREP斉藤塾代表
元イェール大学助教授
斉藤 淳
Jun Saito, Ph.D.

モンド社

Prologue

なぜ英語が「本当に賢い子」を育てるのか

「ＪＰＲＥＰ《ジェイ・プレップ》に通うようになったら、**まず『国語』の成績が上がった！**」

これは、生徒の保護者のみなさんからよくいただくご指摘です。

「（え、国語？　英語の本のはずなのに……いったい何を言い出すんだ？）」とお思いの方、どうかご安心ください。

本書は間違いなく、**お子さんの「英語力」を高めるための本**ですし、僕が代表を務めるＪＰＲＥＰ斉藤塾は、主に英語を教えている塾です。

英語塾なのに、「国語」から先に結果が出る子たちがいる——。

なぜだと思いますか？

（もちろん英語の成績も、あとからグッと伸びていきます……）

予告的にお答えするとすれば、僕がこれからお伝えするメソッドが、「英語力」だけでなく、**独力で何かを学んだり考えたりする総合的な能力**、いわば**知力**を高めるからなのです。

この本を手に取った方の多くは、「うちの子どもも、英語ができるようになるといいな……」という漠然とした思いをお持ちなのだと思います。

しかし、子どもの英語力を正しく磨いていけば、「学校の成績がよくなる」とか「外国語がペラペラと流暢《りゅうちょう》に話せる」といった**表面的なメリット〝以上のもの〟が手に入ります**。

もちろん、英語は単なるツールでしかありません。

ただ、「本当に頭のいい子」を育てたい人にとっては、**英語こそが最も確実、かつ、最も頼りになる「最強のツール」である**――そんな思いでこの本を書いています。

▼科学的な知見に基づいた「英語の最短ルート」

かく言う僕自身、「子どもの英語教育」の世界に身を投じたのは、それほど昔のことではありません。日本に戻ってくる2012年まで、僕はアメリカ・コネティカット州にある**イェール大学**で研究者をしていました。

日頃はもちろん英語〝で〟講義をしていましたが、決して英語〝を〟教えていたわけではありません。僕の専門は比較政治経済学。自分で言うのもヘンですが、英語教育とはほとんど（というか、まったく）無縁の世界に生きていました。

しかしおかげさまで、日本でゼロから立ち上げた中高生向けの英語塾は、**わずか4年で累計3000人以上の生徒が通うまでになっています。**

いまでは、オールイングリッシュで教育を行う幼稚園、小学1~6年生が対象のキッズクラスのほか、「国語」「算数」「プログラミング」「留学指導」といったカリキュラムも充実させています。

「そんな『素人』の塾がどうして人気に？　**何か秘密があるの？**」

よく聞かれるのですが、じつのところ、何も特別なことはしていません。

ただ、**応用言語学や教育学、心理学、脳科学などの「科学的根拠」に沿った教授法、世界的に見れば〝ごく当たり前のこと〟を愚直に実践してきただけ**なのです。

公教育にしろ学習塾にしろ、この「常識」をしっかりと踏まえて授業をしているところは、驚くほどわずかしかありません。先生方一人ひとりの努力では解決できず、入試の仕組みを含め、現状維持の圧力が強いのです。

現に、本書を手に取っているお母さん・お父さん・教育関係者のうち、「私、英語を話せます！」と断言できる人は、ごくひと握りではないでしょうか？

外国語習得の王道から外れた指導を受けてきたわけですから、当然と言えば当然です。

一方、僕の塾に来た生徒たちは、たしかな英語力を身につけていきます。

この教え方は、少しの工夫さえあれば、ほぼどんな子にも（そして大人にも！）確実に効果が出ますし、**特別なスキルや才能も必要ありません**。

だからこそ、僕のような素人であっても、子どもたちの英語力を飛躍的に高め、数十人からはじめた教室を数千人規模にまで広げられたのだと思います。

イェール留学生ですら、日本人は英語が下手

「それにしても、なぜイェール大のポストを捨て、わざわざ日本で英語塾を？」

これは帰国して以来、何度も何度も受けてきた質問です。

10万部を超えるベストセラーになった拙著『世界の非ネイティブエリートがやっている英語勉強法』（KADOKAWA）にも事情は書いたのですが、同書を読んでいない方も多くいらっしゃると思いますので、もう一度説明させてください。

僕がいたイェール大学は、いわゆるアイヴィーリーグ校（Ivy League：アメリカ東部の名門私立8大学）の一つであり、**世界トップクラスの高等教育機関**として知られています。

イェールには世界中から、優秀な学生たちが次々と集まってきます。アジア圏で言えば、日本はもちろん、中国や韓国からの留学生もたくさんいました。

そんな彼らと研究をしたり、講義を通じてディスカッションをしたりしていると、どうしても気になることがありました。

それは「**日本人留学生だけが圧倒的に英語ができない！**」という事実です。

イェールの大学院に進学する学生のなかには、たとえば元・東大生だっています。しかし、そんな「エリート学生」ですら、いつまで経っても英語力が未熟なままなのです。

いったい、なぜ日本人留学生だけが、英語を話せないのでしょうか？

▼従来の教育法で「英語が話せる子」が育たないワケ

その差は、教育に原因があると考えるのが自然です。

要は「**教え方」が間違っている**のです。

英語だけならまだいいのですが、問題はそれだけではありませんでした。日本出身の学生は、講義中の発言や論文などでも他国に引けをとっているように思えたからです（もちろん優秀な人もいました）。

世界のエリート学生と日本型の受験秀才とのギャップを目の当たりにした僕は、「このままでは日本は大変なことになる……」という危機感を日に日に募らせました。

イェールに留学するほどの日本人でも、この程度の英語力、いやそれ以前に、思考力や表現力が不足しているのだとすると、**日本の教育は「欠陥だらけ」だと結論するしかなかった**からです。

いてもたってもいられなくなった僕は、日本の選挙に出て衆議院議員になりました。当時はまだ30代で、イェールで博士論文を書いている最中でしたから、周りの人はずいぶんと驚いていました。

とはいえ、僕は大真面目に「大学で〝政治学〟を研究している場合じゃない！　自分で〝現実の政治〟を動かさなければ!!」という思いに突き動かされていたのです。当選し続けたら、文教族議員として日本の教育を変えていく希望を持っていました。

2度目の選挙で落選を経験したのち、イェールで博士号を取得した僕は、いくつかの大学を経て、助教授（Assistant Professor）としてイェールに戻ることになります。

しかしこの間もずっと、前述の問題意識が消えることはありませんでした。


そこでついに、研究者を辞めてアメリカから帰国することを決意し、東京と山形で小さな英語塾を起業しました。要は、国レベルで〝上から〟教育を変えるのではなく、起業家として〝下から〟変化を巻き起こすゲリラ戦術へとシフトしたわけです。

▼「英語力」は親から子への最良のプレゼント

このエピソードからもおわかりいただけるとおり、僕は「子どもの英語力」だけに問題意識を持っているわけではありません。

ましてや**旧来型の受験エリートを養成することにも興味はありません**。

これから日本や世界がどのように変化しようとも、そのなかでたくましく思考し、しなやかに生きていける**本物の知性**を育てたいのです。

ちょっときれいごとめいて聞こえるかもしれませんが、むしろこれこそが、**いま現役で子育てをしている親たちのリアルな感覚**ではないかと思います。

僕も15歳の娘と6歳の息子を持つ父親として、子どもたちに望むのはこれ以上でもこれ以下でもありません。

もはや「いい大学に入れば安心」とか「英語さえできれば大丈夫」などという時代でないのは、親の世代である僕たち自身が痛いほど実感しています。

子どもに英語を学ばせたい親御さんも、**「英語がペラペラになってくれさえすれば、それでいい」などとは思っていないはず**です。ましてや、わが子の「学校成績のアップ」とか「難関校への合格」だけを願っている人もいないでしょう。

そんな表面的な力よりも、今後、世界のどこでも幸せに生きられる**本当の頭のよさ**を身につけてほしい——それが子を持つ親の本音ではないでしょうか。

そうした真っ当な願いを持つ人にとって、外国語学習の機会は、大人が子どもに授けられる最高のプレゼントだと僕は考えています。

「学校のお勉強ができる秀才」ではなく、「本当に賢い子」に育ってほしいのであれば、まずもって英語からはじめてみるべきです。

事実、アカデミックな研究分野でも、**「外国語学習の機会が、子どもの知力やＩＱを高める」**ということが知見として蓄積されつつあります。[*01]

第二言語の習得が脳に与えるポジティブな影響については、神経科学や認知科学の分野でもエビデンスに基づいた研究が数多く提出されています。なかには、「バイリンガルは年齢を重ねても認知症を発症しにくい」という研究まであるくらいです。[*02]

「英語塾なのにまず『国語』の成績が上がる」という先ほどのエピソードからもわかるとおり、**英語を〝正しく〟学べば、英語〝以外〟の力も同時に高まります**。これは単に僕個人の経験談などではなく、学術的な裏づけもあることなのです。

＊01 Bialystok, 2011; Costa & Sebastián-Gallés, 2014
＊02 Craik & Freedman, 2010

英語力と知性は「環境づくり」が9割

一方で、「親である私が英語を話せないんだから、うちの子はムリかな……」などとあきらめている親御さんはいらっしゃいませんか？

だとしたら、それは非常にもったいないことだと思います。

本書のメソッドは、読者のみなさんの英語力を問いません。

なぜそんなことが可能なのか？

この本の内容は、**第二言語習得（SLA：Second Language Acquisition）**という学術分野で最大公約数的にわかっている原則をベースに書いてあるからです。

SLAの研究者たちが目指しているのは、言語学だけでなく、認知心理学や社会科学など、さまざまなアプローチを通じて、**「人間が外国語（＝第二言語）を習得するときの一般的メカニズム」**を明らかにすることです。[*03]

＊03　Saville-Troike & Barto, 2016

ＳＬＡの原理はいわば、人類に共通する外国語習得の普遍的なメカニズムですから、子どもはもちろん、**みなさん自身の英語力を高めるのにも役立ち得ます。**

大人だってあきらめる必要はまったくないのです。

さらに、英語塾をやっている僕が言うのもおかしいのですが、**特別なスキルも不要です。**

みなさんのご家庭でできることばかりですし、お子さんの英語力や知力を大きく左右するのは、むしろ**環境づくり**であると思っていただいたほうがいいでしょう。

とはいっても、本当に「ちょっとした工夫・きっかけ」でいいのです。

それによって、お子さんの将来は間違いなく大きく変わります。

最後に……大学入試改革がはじまって、授業づくりのヒントを探している中学・高校の先生方はもちろん、小学校での「英語」必修化に戸惑っている教員のみなさんにも、本書の内容はきっとお役立ていただけると思います。

ぜひ、**現役の教育関係者の方々にも、お読みいただけるとうれしいです。**

子どもに「小さな分岐点」を手わたそう

何を隠そう、子ども時代の僕は、決して「勉強ができてできて仕方がない」という超秀才タイプではありませんでした。

生まれ育ったのは山形県酒田市という田舎です。大学進学で上京するまでは庄内弁《しょうないべん》のネイティブスピーカーであり、標準語はいわば「外国語」として習得しました。米農家を営んでいた両親もそれほど教育熱心ではなく、子ども時代に「勉強をしろ！」とか「英語をやれ！」とか言われた記憶はまったくありません。

そんな地方の少年の心を動かしたのが、祖父からもらった短波ラジオです。

小学校3年生のころから短波放送にのめり込んだ僕は、海外のラジオ放送をいつもわくわくしながら聴いていました。海の向こうの電波を拾って、英語のニュース番組や洋楽に耳を傾けるのが本当に大好きだったのです。

この出会いがなければ、学者→政治家→起業家という一風変わった歩みをすることになる現在の僕は、きっといなかったでしょう。

ですから、本書に込めた僕の願いはたった一つです。

お母さん・お父さん・先生方は、この本を通じてそんな〝きっかけ〟を、ぜひつかんでください。

何か一つでいいのです。

お子さんが大人になってから、「あれがいまの自分をつくっているのかも……」と感じるような、**「小さな分岐点」を子どもにプレゼントしてあげてください。**

きっかけさえあれば、きっとお子さんは世界に力強く羽ばたいてくれます。

＊　＊　＊

さて、本書は2つのパートで構成されています。

PART1【基本編】は、言語習得のメカニズムに関する研究成果を踏まえつつ、英語を身につけるための「常識」、標準的な考え方について整理します。まずは順番どおり、こちらをお読みいただくのがおすすめです。

PART2【実践編】ではそれを踏まえて、具体的なアクティビティや教材などを紹介しています。どんな言語でも（外国語だろうと母語だろうと）しっかりと習得するには、ある程度の学習時間が必要です。楽しみながら継続してもらうためのヒントになればという願いを込めて書きました。

「理屈はいいから、まずは具体的に何をやるべきかを知りたい!!」という方は、こちらからパラパラめくってみてください。

さて、前置きはこれくらいにして……さっそくはじめていきましょう！

Part 1 基本編

Chapter 4

優秀な親ほど誤解する5つのこと……87

Part 2
実践編

結局、「何から」「どの順番」がベスト？／「小3で英検準2級」だって夢じゃない／わが子の「技能特性」を知っていますか？／途中からでもキャッチアップは簡単／万人向け原理を「ウチの子専用」に最適化する

Chapter 6

本書の情報は２０１７年11月時点のものです。本文中で紹介した教材（書籍・ＤＶＤ・アプリ・ＷＥＢサイト・その他のサービス）は、絶版・変更・中止となることがございます。あらかじめご了承ください。また、本文中の書影はすべて発行元の了承を得て掲載したものです。

Part 1

基本編

Chapter1
英語を〝自分で〟学べる子に育てる

Chapter2
「英語のアタマ」をわが子に授ける

Chapter3
「ただの英語上手」で終わらない

Chapter4
優秀な親ほど誤解する5つのこと

▼英語力が伸びる子、伸びない子……どこが違うのか？

僕の塾が取り入れているのは、世界の研究者たちのあいだでは「当たり前」だとされている考え方、**第二言語習得（Second Language Acquisition）の理論**に基づいた指導です。ちょっと長いので、ここからは**SLA**《エスエルエー》という略称を使いましょう。

ごくシンプルに言えば、SLAとは、**「第二言語（母語以外の言語）がどのようにして習得されるか」を科学的に研究する学問分野**です。

僕たちが「外国語」を習得する際には、すでに身につけている母語の力も借りながら、人間の脳にもともと備わった「言語を身につける能力」を最大限発揮しようとします。

そのメカニズムに関する知見そのものは、すぐ効果が現れる万能薬ではありませんが、この考え方に基づいた指導をすれば、生徒たちの英語力を確実に高めていけると僕は考えています。

実際、ＪＰＲＥＰの講師陣のなかにも、大学院でＳＬＡを専門にしている現役の研究者が複数名おり、理論的に有効だと言えるアプローチは貪欲に取り入れています。

どんな子どもであっても、英語ネイティブの親のもとで育ち、普通の教育を受ければ、やがて英語を母語として覚えますよね？

それと同じように、**ＳＬＡに基づいた学習を継続しさえすれば、たとえ非ネイティブであっても、英語は（というか、どんな言語も）ほぼ確実にマスターできます**。

とはいえ、同じ指導をしても、生徒たちの成長にはある程度の差が出ます。

これはなぜだと思いますか？

いくつかの答えが考えられますが、いわゆる学力さえ高ければいいのかというと、必ずしもそうではありません。

たとえば、幼いころから音楽教室に通って音感を鍛えてきた子は、音声の学習効率がよく、成長スピードに差が出ることがあります。大好きなテレビゲームの攻略法を解説した英語の動画をYouTubeで見続けているうちに、劇的に発音がよくなった生徒もいます。

そうした個別的な差異はひとまず脇に置いて、**英語力が伸びやすい子の共通点**をあえて挙げれば、「**親自身がどれくらい英語に〝自信〟を持っているか**」が意外と深く関係しているように思います。

もちろん、「親に英語力がないなら、子どもはあきらめるしかない」という話ではありませんのでご安心ください。どういうことかご説明しましょう。

▼「英語ができる親」ほど、子どもの英語力をつぶす？

ＪＰＲＥＰの保護者には、大きく2パターンの方がいらっしゃいます。

一つは「私たち両親は、英語がからっきしダメでして……」と言って、塾に全面的に任せてくださる方。こういうお家のお子さんは、ある程度の指導を続けているだけで、自然と英語力が高まっていきます。

もう一方は、「自分は英語がそれなりにできる」と思っているお母さん・お父さんです。**受験科目としての「英語」に、一定の成功体験がある方**と言ってもいいかもしれません。

どちらかというと子どもに対する教育意識も高く、僕たちがどんな授業をやっているのか、どんな経歴の先生が教えているのか、本当に成績が伸びるのかといったことに厳しい目を向けています。あくまでも傾向としてですが、ご自身も有名な大学を出ていたり、大きな企業に勤めていたりするケースが多いように思います。

意外かもしれませんが、そんな方たちのお子さんは、なかなか英語力が伸びないことがあるのです。

かつて学校で「英語」が得意だったであろう親御さんたちからは、たとえば「もっと学校の教科書に沿った指導をしてほしい！」「うちの子は関係代名詞でつまずいているので、文法を重点的に教えてくださいよ！」といったリクエストを受けることがあります。

僕の塾では学校教科書と連動した授業をやっていませんし、生徒の年齢や発達段階によっては、文法学習にあまり時間を割かないこともあります。

その結果、保護者のなかにはこんな心配をする方がいらっしゃるようです。

「(あれ？ **私が昔、学校で習った『英語』の授業とまったく違う！**
日本語に訳させてみても、ちゃんとわかってないみたいだし……。
まずは5文型からやり直すべきじゃないかしら……。
えーっと、たしかSが『主語』、Vは『動詞』で……)」

そこで、英語の「お勉強」をきっちり教えてくれる別の学習塾にもこっそり通わせはじめる人もいますし、ＪＰＲＥＰをやめてしまう人もいます。「昔取った杵柄《きねづか》」とばかりに、自ら家庭で文法指導をはじめたお母さんもいらっしゃいました。

こうして2つの英語学習法のあいだで板挟みとなった子は、じつはなかなかスムーズに英語力を伸ばせません。何よりかわいそうなのは、そうこうするうちに**子どもが「英語嫌い」になってしまうこと**です。

以上が「英語が得意な親がいると、子どもの英語力が伸びづらい」の種明かしです。

▼すべては「間違った学び方」を捨てるところから

ここで僕が強調したかったのは、お母さん・お父さんの世代が抱く「英語学習」のイメージは、かなり時代遅れである可能性が高いということです。

なまじ「英語」科目に成功体験がある保護者ほど、年齢や時代の違いを無視したまま、つい間違った勉強法をわが子に強いてしまいがちです。

しかし、その親御さんが仕事や日常生活で英語を使いこなせるレベルにあるかというと、まずそんなことはありません。学校の成績や入試の得点は「そこそこよかった」かもしれませんが、結局のところ、「使える水準」までは到達していないのです。

それは「努力」が足りなかったからではありません。「方法」が間違っていたのです。だとすれば、**間違った方法を子どもになぞらせるのはやめるべき**です。

愛するわが子のためによかれと思ってやったことが、かえって子どもの才能をつぶすことになる——こんな悲劇はありませんよね。

逆に、「英語」科目が苦手だったり嫌いだったりした親は、そのイメージそのものを忘れていますから、子どもにそれを押しつけることがありません。ぜひ自信をもってはじめていただければと思います。

▼言語習得には「科学的な結論」がほぼ出ている

さて、ずけずけと失礼なことを書き立ててきましたが、すべてはスタート地点が決定的に大事だからこそです。どうかご容赦ください。

すでに書いたとおり、「どうすれば外国語が身につきやすいのか?」については、言語学や教育心理学、脳科学など、さまざまな研究分野から次々と知見が集まっています。

最近では、脳科学の技術的な進歩もあり、fMRI（機能的核磁気共鳴断層画像）などの装置を用いて、**脳の状態をダイレクトに観察しながら、さまざまな語学学習法の効果をエビデンスに基づいて検証する試み**もはじまっています。

このようにアプローチの違いはあるにせよ、せっかくの努力を無駄にしないための「ある程度の正解」、ボウリングで言えば「ヘッドピン」にあたる部分というのは、第二言語習得の研究者たちのあいだでも、一定の共通見解が形成されています。

何よりも重要なのは、この学問によって解明されてきたメカニズムは、親や教師の世代が受けてきた「学校英語」とは、かなり違っているということです。文法知識をテコに和訳をしながら意味をとらえる文法訳読法は、19世紀の教授法なのです。

だからこそ、**子どもが英語を正しく学ぶ（Learn）ためには、まず親たちがかつての学びを捨てる（Unlearn）ことが欠かせない**のです。

それが「英語を使える本当に賢い子」を育てるうえでの第一歩です。

理論は理論。「年齢別のメソッド」も不可欠

では、「言語習得の世界標準」とは何なのでしょうか？

もちろん100％が解明されているわけではありませんし、**最先端の研究知見のほとんどは、まだ「実験室レベル」の域を出ていません**。

フォン・ノイマンがコンピュータの原理を考案してから、スマートフォンが広く普及するまでに50年以上の歳月がかかったのと同様、**SLAの知見を具体的な指導法へと落とし込んでいくには、語学指導のプロによる「カイゼン」のプロセスが欠かせない**のです。

とはいえこれは、教師たちが勝手な改変を加えるということではありません。

SLAの研究者たちも、この原理があくまで各教育者が指導をつくるための「指針」でしかないという大前提を共有していますし、[*01] 実際の指導の際に教師・学習者が意識するべき原理を解明する**ISLA（Instructed Second Language Acquisition）**という隣接分野も存在します。[*02]

ですから本書は、応用言語学の学術理論をいちいち掘り下げていくことはしません。

SLAの研究論文などは参照していますが、教室で生身の生徒を多数相手にするなかで得られた、貴重な**経験知**も積極的に盛り込んでいます。

＊01　Celce-Murcia, Brinton & Snow, 2014; Richards & Rodgers, 2001
＊02　Loewen & Sato, 2017; 村野井 , 2006

ここで何より重要なのは、「**最適な語学学習法は、年齢によって変化する**」という点です。

とくに子どもについては、認知能力の発達や興味の変化に応じて、指導の仕方や教材を細かく調整していかなければなりません。その点については、ＪＰＲＥＰ講師陣によるバックアップの下で、ご自宅でやっていただける「年齢別の具体的メソッド」を考案しました。こちらはＰＡＲＴ２でご紹介したいと思います。

一方、まずこちらのＰＡＲＴ１では、それらの根底にある「語学習得の基本的な考え方」を見ていきます。これをおさえる際に必要なのが、次の**３つの発想転換**です。

- [発想転換①]「文字」ではなく「音」から学ぶ
- [発想転換②]「断片」ではなく「かたまり」で学ぶ
- [発想転換③]「英語を」ではなく「英語で」学ぶ

まずは一つめです。現時点での研究成果と多数の生徒を指導してきた経験とをベースにしながら、「英語を〝自分で〟学べる子」を育てる方法をお伝えします。

Chapter 1

英語を〝自分で〟学べる子に育てる

——［発想転換①］「文字」ではなく「音」から学ぶ

▼「最高の語学習得法」は赤ちゃんが知っている

「子どもに英語を学ばせる」と聞いて、まずどんなことをイメージしますか？

未就学の小さな子であれば、「ＡＢＣの歌」を一緒に歌ったり、アルファベットのオモチャを買ってみたり……、小学生くらいの子なら、ローマ字の練習をしてみたり、単語書き取りのドリルを買い与えたり……そんなことを考える人もいるかもしれません。

ただし、これらはＳＬＡの基本的な考え方からすると、適切な方法とは言えません。

新たに言葉を学ぶときには**「音」から入るのが正解**です。

日本ではどうしても「英語＝お勉強」のイメージがあるので、つい「文字」から入ろうとしたり、「本」や「鉛筆」を与えたりしてしまいがちです。しかし、これらは本来の学習ステップとしては、もっと〝あと〟に位置づけられるものです。

「文字から」ではなく「音から」――。一見、大きな転換に思えますが、考えてみればごく当たり前のことです。

生まれた子どもが日本語を覚えていく過程をイメージしてください。赤ちゃんは決して参考書を使って日本語を学びません。母親や身近にいる大人たちの**声**を聞き、それを真似しながら発声をはじめます。

「言語習得には、一定量の音のインプット／アウトプットが欠かせない」――これはSLAの最も重要なテーゼの一つです。[＊01]

従来型の英語教育では、まずもって音のインプット総量が足りていません。また、自分なりの言葉でアウトプットする習慣も身につかないので、最終的には使いこなすところまで到達できません。

ですから、子どもたちが英語を話せないのは、科学的に見ても、当然と言えば当然なのです。

＊01　Krashen, 1982; Long, 1996; Swain, 1993; 1995; 2005

▼音から入れば、短期間で一気に上達する

子どもの場合とはアプローチが大きく異なりますが、大人の語学学習においても「音」が重要であることは変わりません。

みなさんが中学1年生だったころには、まずアルファベットの書き取りやスペリング練習からはじめたのではないでしょうか。しかし、中高6年間をかけても、ほとんどの人がまったく上達せず、社会人になったころには何も覚えていない日本の英語教育のことは、いったん忘れてください。**語学はまず「音から」入る——これが基本です。**

僕がいたイェール大学では、50カ国語を超える語学が履修可能でしたが、そこでも発音重視の指導が徹底されていました。

MBA（経営学修士号）取得のためにイェールに来ていたある日本人の知人は、帰国時のフライトで「あっ！」と驚いたそうです。**大学で中国語を1年履修しただけなのに、機内チャンネルで観た中国映画の7割くらいが理解できてしまった**からです。

僕も大学院生だったころ、イェールの**発音矯正プログラム**に半年間ほど参加したことがあります。

何より感動したのは、講師を担当してくれたのが、**音声学（Phonetics）**という言語学の一分野で博士号を取得した専門家だったことです。発音矯正といっても、聞こえた音をただ真似するだけの練習ではありません。音声学の知見に基づきながら、人間の発声のメカニズムに即した科学的なアドバイスをしてもらえます。

「そうか、ジュンは日本語が母語なんだね。そのせいだと思うけど、Rの発音をするときに舌の位置が低くなるクセがある。もう少し舌を上にずらすように意識してみて」

こんなふうにスポーツのフォーム矯正のような指導をしてもらえます。おかげで発音が格段に改善したばかりか、英語音声の聞き取り能力も向上しました。

こうした僕自身の経験もあって、ＪＰＲＥＰでは発音指導を徹底しています。

カタカナ読みのクセがついてしまう前の子どもであれば、そこまで手の込んだ指導をしなくても、正しい発音は自然と身につけることができます。

もう少し大きい子になると、母語である日本語との違いをロジカルに説明してあげたほうが、習得がスムーズになることもあります。「この音を発声するときには、口のなかで何が起きているのか」を、子どもたちが具体的に理解できるよう、歯医者さんに置いてあるデンタルモデルを使って説明するなど、さまざまな工夫を授業に取り入れています。

▼英語学習の「世界標準」としてのフォニックス

赤ちゃんが母語を身につけていくときには、**〝文字を使わずに〟音とモノの対応関係をつくっていきます**。赤ちゃんの「うーうー」といううなり声が、しだいに「言葉」へと成長していく過程は、親にとっては本当に感動的ですよね。

ただし、これは母語を身につけるときの話です。外国語の場合はどうでしょうか？

結論から言えば、たとえ子どもであっても、ひらがなやカタカナが読めるくらいの段階にあるなら、**文字と音との対応関係を意識する**ほうが効率的です。

「『文字と音との対応関係?……じゃあ、やっぱり『**ABCの歌**』かな?」

そう考えた方は、2つの意味でとてもいい線をいっています。一つは**音楽を取り入れる発想**です。詳細はPART2でご説明しますが、音楽と語学学習にはさまざまな親和性があります。

もう一つすばらしいのは、**アルファベットの音に着目**している点です。英語は母音だけでも数え方によっては30個近くの音がありますから(日本語はアイウエオの5個だけ)、いきなり全部を聞き分けたり発音したりするのは無理があります。最初にアルファベットの26文字に絞るのは、学習戦略としても正しいでしょう。

▼「本当の音」を脳に覚えさせるフォニックス学習法

ただし、「ABCの歌」だけでは不十分なのも事実です。この覚え方だけでは、**文字と音の基本的な対応関係**を整理できないからです。どういうことかご説明しましょう。

「ABCの歌」のような**アルファベット読み**では、一つの文字の読みは、複数の音から構成されています。たとえば、〝B〟という文字は、子音と母音がセットになって［biː］という読み方をしますし、〝F〟は冒頭に母音をつけて［éf］と発音します。

ここでひらがな五十音表を思い出してください。ひらがなは文字と音が一対一対応になっていますよね？〝あ〟の文字はいつも同じように「ア」と発音されます。

一方、英語のアルファベットはそうはなっていません。〝C〟の文字は［k］と読むときも［s］と読むときもありますし、アルファベット読みでは［síː］となります。

そこで、各アルファベット文字に一つの音を対応させたのが、**フォニックス（Phonics）**の読み方です。これにより、〝B〟の文字には［b］の音、〝F〟の文字には［f］の音というように、**代表的な音と文字をセットで覚えることができます**。

「代表的な音」と言ったのは、2つ以上の音を持つ文字があるからです。たとえば、〝A〟の文字は［æ/ɑ/ʌ/ə］などと読まれますが、フォニックスでは［æ］と発音します。

フォニックス読みとアルファベット読み

A	[æ]	[éi]	B	[b]	[bíː]	C	[k]	[síː]
D	[d]	[díː]	E	[e]	[íː]	F	[f]	[éf]
G	[g]	[dʒíː]	H	[h]	[éitʃ]	I	[i]	[ái]
J	[dʒ]	[dʒéi]	K	[k]	[kéi]	L	[l]	[él]
M	[m]	[ém]	N	[n]	[én]	O	[ɑ]	[óu]
P	[p]	[píː]	Q	[kw]	[kjúː]	R	[r]	[áː(r)]
S	[s]	[és]	T	[t]	[tíː]	U	[ʌ]	[júː]
V	[v]	[víː]	W	[w]	[dʌ́bljuː]	X	[ks]	[éks]
Y	[j]	[wái]	Z	[z]	[zíː]			

英語という言語は、さまざまな歴史的背景もあって、単語のスペルと発音の対応関係が非常にいい加減です。

ネイティブでもとても苦労するので、**英語圏に育つ子どもたちですら、必ずフォニックス読みの練習をします。**

ですから、みなさんの子どもにも、ぜひフォニックスを練習させてあげてください。

フォニックスはすべての英語学習の基礎中の基礎であり、中高生にも大人にも効果があります。

小学生以下の子どもについて言えば、**その後の学習効率を圧倒的に高めてくれる最強の方法**と言っても過言ではありません。

▼「初めて目にした単語」でも読めるようになる

お子さんが初めて文字を覚えたときのことを思い返してください。

子どもは街やお店の看板に書かれた文字を、声に出して読むようになります。「ママ、『うなぎ』って書いてある！」とか「お父さん、『パチンコ』って何？」などと子どもがいきなり言い出して、驚いた経験のある親御さんも多いのではないでしょうか？

これは、それぞれの文字が持つ音を、子どもが理解している証拠です。このとき、子どもの脳は次の3つのプロセスを処理しています。

❶「文字」を視覚でとらえる
❷その文字に対応する「音」を再構成する
❸その音を実際に「声」に出す

フォニックス学習をした子は、英語でも同じことをします。その結果、**初めて目にした**

単語でも、文字から音を自分で再構成し、発音できてしまうのです。

一方、「ABCの歌」のアルファベット読み、「エービーシー」のようなカタカナ読みしか知らない子は、②の「文字に対応する音を再構成するステップ」で必ずつまずくので、**単語の読み方はいちいち「丸暗記」するしかありません。**その結果、フォニックス読みを覚えた子と比べると、圧倒的な差がついてしまうのです。

わが家の息子も3歳からフォニックスをはじめました。再度アメリカを訪れた際、車でハイウェイを走っていたところ、追い抜いていく救急車を指して、「Dad, an ambulance is over there!」と叫びました。ご存知かもしれませんが、アメリカの救急車には、鏡文字で「AMBULANCE」と印字されています。この年齢の子どもは、文字を書くときにも鏡文字になることが多いので、読むときにもそれが気にならなかったのかもしれませんね。

いずれにしろ、当時4歳だった彼は、この単語の意味はおろか、音も知らなかったはずですから、**文字の順番どおりに声を出しただけ**なのでしょう。

フォニックスのメカニズムからすれば当然なのですが、とても驚いた記憶があります。

知らない単語も、聞いただけで書けてしまう

なお、鋭い読者の方はお見通しのとおり、**フォニックスをマスターすれば「文字→音」だけでなく、「音→文字」の再現力も同じように身につきます。**

フォニックスを継続している子は、［liv］の音が聞こえたら、聞こえたとおりに「live」という文字を書こうとします。「rive」とか「libe」のようなスペルミスをすることはめったにありません。

一方、〝e〟に対応する音は聞こえませんから、「liv」と書いてしまう子はいるでしょう。これは理にかなった間違え方であり、**ネイティブの子どもにも見られる〝価値あるミス〟**だと言えます。

とはいえ、小学生以下の子どもの場合は、習得度をチェックするために「音を聞いて文字を書かせる」のはおすすめしません。本人がそうした練習を希望したなら別ですが、書き取り練習のようなことは、あまり子どもに押しつけないほうが無難です。

「音を文字にさせる」のではなく、「文字を音にさせる」ことを主軸に据えましょう。

フォニックスをやってみよう(例)

A	[æ]	A, A, Apple!	B	[b]	B, B, Ball!
C	[k]	C, C, Cat!	D	[d]	D, D, Dog!
E	[e]	E, E, Elephant!	F	[f]	F, F, Fish!
G	[g]	G, G, Gorilla!	H	[h]	H, H, Hat!
I	[i]	I, I, Igloo!	J	[dʒ]	J, J, Jacket!
K	[k]	K, K, Kangaroo!	L	[l]	L, L, Lion!
M	[m]	M, M, Monkey!	N	[n]	N, N, Nose!
O	[ɑ]	O, O, Octopus!	P	[p]	P, P, Pen!
Q	[kw]	Q, Q, Question!	R	[r]	R, R, Ring!
S	[s]	S, S, Sun!	T	[t]	T, T, Tiger!
U	[ʌ]	U, U, Umbrella!	V	[v]	V, V, Violin!
W	[w]	W, W, Watch!	X	[ks]	X, X, Fox!
Y	[j]	Y, Y, Yellow!	Z	[z]	Z, Z, Zebra!

▼フォニックスは「自ら学ぶ子」の土台をつくる

以上からおわかりいただけるとおり、フォニックスの最大の効用は、子どもが自分で学べる態勢を整えられることにあります。

極論を言えば、親が子どもの英語のためにできることは2つです。

❶ 子どもが「自分で学ぶ」ためのスキルや環境を手渡すこと

❷ 子どもに「自分はできる」と実感させること

フォニックスは、入門段階でこの2つを同時に満たすすばらしい方法です。

いろいろな単語を見つけて読み上げるようになったら、お母さん・お父さんは率直に〝驚いて〟あげてください。それが「**自分は英語が読めるんだ！**」という自信につながり、さらに学びを加速させる好循環を生んでいきます。

どんなに効率的に学んでも、言葉を使う能力を獲得するためには、一定の期間がかかります。その時間の大部分を「楽しいこと」にしない限り、学習は長続きしません。

そして、**「楽しい！」と感じるためには、「できる！」という自信が欠かせない**のです。

「カタカナルビ」は害悪でしかない

一方、カタカナでの読みがな（**カナルビ**）は、発音学習においては無意味どころか有害ですらあります。

日本のオモチャ売り場に行くと、英語の知育玩具がたくさん売られていますが、国内メーカーが発売しているものには、まず間違いなく「mother マザー」のように読み方がカタカナで印字されています。小学生向けの教材などでも、**カナルビが振られているものは、すべて〝まがいもの〟だと考えていい**と思います。

そもそも「mother」と「マザー」は、似てはいるものの別の音です。子どもの暗記力はすばらしいので、「mother＝マザー」のようなデタラメな対応であっても、次々と簡単に記憶することができてしまいます。しかしながら、結局それは丸暗記の域を出ませんし、文字から音を再構成しているわけではないのです。

自律的に学ぶ力をわが子に身につけさせたいのなら、まずは発音の原則（＝フォニックス）を教えるべきです。ルールを教えないまま手当たり次第に丸暗記をさせても、それは将来的に役に立つ英語力とはなりません。カナルビのような間違った原則を植えつけると、あとあと混乱して困るのは子ども自身です。

そうならないためにも、**カナルビは「補助輪」としてでも使うべきではありません。**シンプルで汎用性の高いフォニックス読みこそが、効率的な言語習得への第一歩なのです。

▼「ローマ字」や「発音記号」から親しむのはどうか？

「正しい発音をまず覚えさせる」という話をすると、「では、いっそのこと**発音記号**を学ぶのはどうでしょうか？」という質問を受けることがあります。

ここまでの説明プロセスでも使ってきた発音記号は、さまざまな言語の音を再現するためにつくられた**IPA**《アイピーエー》**(International Phonetic Alphabet)**という記号です。これをすべて網羅すれば、英語の発音はかなりよくなるでしょう。

ただし、英語は母音だけでも相当数の音がありますから、小さな子どもにいきなりすべてを覚えさせるのは酷だと思います。JPREPでは、小学生まではフォニックスと具体的な単語の発音練習をさせるようにし、中学生以上にはIPAを使った指導をするようにしています。入門段階をひととおり終えた学習者が、**発音の知識を整理する際には、発音記号は非常に効果的**です。

「では、まず**ローマ字**を学んで、アルファベットに親しませるのはどうですか?」

これも小さな子どもの親御さんからよく受ける質問ですが、結論としてはノーです。**ローマ字は、外国人が日本語の発音を学習するためのツール**であり、逆の用途には使えません。英語を学ぶきっかけとしてローマ字を用いるのは、高速道路を逆走するような危険行為だと生徒に言い聞かせています。

たとえば、ローマ字では〝プ〟を〝pu〟と表記しますが、ローマ字の〝p〟と英語の〝p〟とでは、音がまったく違います。

英語の［p］の音は破裂音といって、唇を閉じていったん息を溜め込み、それを破裂させるようにしながら音を出します。口の前にティッシュペーパーを垂らして、「push」を正しく発音すると、ティッシュペーパーは大きく揺れます。一方、日本語式に「プッシュ」と言っても、ティッシュはほとんど揺れません。

本来異なるはずの音を同じ文字で表記してしまうという意味で、ローマ字は子どもに混乱を招く可能性があります。日本語の素養としてローマ字を知っておくことまでは否定しませんが、**子どもの英語習得を目的とした場合、ローマ字は「遠回り」**だということはぜひ知っておいてください。

▼アルファベットの「書き順」も気にしなくていい

フォニックスの考え方は、親世代が受けてきた学校教育とは大きく異なっています。

僕が地元の公立中学に通い出したときは、まず最初にアルファベットの書き方を習いました。いまでも覚えているのが「ペンマンシップ」という運筆練習帳です。これを使ってアルファベットの書き順や「小文字のpは下にはみ出す」といったルール、さらには筆記体の書き方などを習いました。

外国語習得の常識からすると、これも明らかなムダです。とくに、日本語の文字を美しく書くための**「書き順」の文化が、「英語」の授業に入り込んでいるのは奇妙きわまりない**と思います。

たしかに英語のアルファベットにも書き順はありますし、それを習得すればすばやく文字を書けるといったメリットはあります。

しかし、たとえばアメリカでは、もはや筆記体は学校教育のカリキュラムから除外されていますし、筆記体を読めない・書けないという人も若者を中心にかなり増えています。ですから、海外で暮らすにしても、筆記体がわからなくて困ることはほとんどありません。考えてみれば僕たちも、古文書の行書や草書なんて、ふつうは読めませんよね。

ここで僕が言いたいのは、「書き順なんか守るな」とか「筆記体はいらない」ということではありません。大事なのは「何を優先するのか」です。

「英語をマスターすること」が目的なら、書き順などに拘泥《こうでい》するのはナンセンスです。いくらここを改善しても、英語を使える子は育たないからです。

逆に、**たとえ子どもであろうと（いや、子どもだからこそ）、フォニックスには徹底的にこだわるべき**です。

本当の英語脳を育てるためには、これこそが最短ルートだからです。音と文字との対応関係を体得してしまえば、英語で「話す」「聞く」だけでなく、英語で「読む」「書く」、さらには英語で「考える」ための力を高めていくことも容易になります。

フォニックスが「幹」なのだとすれば、書き順などは「枝葉」です。親子に与えられた貴重な時間は限られていますから、ぜひ「枝葉」に余計なエネルギーを割かないように気をつけていただければと思います。

Chapter 2

「英語のアタマ」をわが子に授ける

——[発想転換②]「断片」ではなく「かたまり」で学ぶ

▼小さい子に「英文法ファースト」はNG

子どもに英語を学ばせるときに、やってしまいがちなことの2つめは、**最初から文法だけを教えてしまうこと**です。

「英語」がそれなりにできた親ほど、子どもがまだ小学校低学年なのに、文法の参考書や問題集を買い与えてしまいがちです。もし**お子さんがまだ10歳以下なら、「文法ファースト」の学び方は、絶対に避けるべき**です。

たしかに、親の世代が高校の「英語」でまず習ったことといえば、S（主語）、V（動詞）、O（目的語）、C（補語）からなる5文型だったのではないでしょうか。中学でも、ひととおり簡単な挨拶を学んだら、次にはbe動詞の解説が待っていたと思います。

フォニックスのような「音のルール」はしっかり押さえるべきですが、逆に、「構文上のルール」には重きを置きすぎないようにしてください。

たとえば、従来型の受験参考書には「不定詞」の単元があり、まずはそのフレームワーク（名詞的用法、副詞的用法、形容詞的用法）についての解説があります。さらに、その枠組みを使うことで、例文などの意味がわかる、といったつくりになっています。

過去の学校教育では、授業でこの骨組みを生徒に学習させ、テストでその知識を問うのが当たり前だとされてきました。受験対策塾はその性格がいっそう強いと言えます。

与えられた英文に対して適切なフレームワークを選べば、その文意が「解読」できるようになる——まるでパズルゲームのような発想です。

受験英語に共通する「モジュール積み上げ」の考え方

もっとも、僕は文法学習を否定する気はありません。J PREPでも、中高生向けの授業では、意外と多くの時間を文法学習にあてています。

ただし、中学生から本格的に学びはじめた生徒の場合、**だらだらと中高6年間をかけるのではなく、中学3年間で大学受験レベルまでの文法知識を一気に網羅します。**そのあとで、多読や作文、会話練習などをしながら、知識を定着させていくのです。

ＳＬＡの研究でも、学習者がある程度の年齢を過ぎているなら、音声のインプット／アウトプットだけでなく、**母語も用いたロジカルな理解を組み合わせたほうが、学習効率が高まる**ことがわかっています。[*01]

ですので、ここで問題にしたいのは、文法を学ぶことそのものではありません。そうではなく、**「文法だけ」を抜き出して学ぶ学習モデル**のほうです。

とくに、テスト対策として教えられる「英語」では、こうした**部分からのアプローチ**が支配的です。

いきなりまとまった文章を与えるのではなく、とにかく「be 動詞」「不定詞」「現在完了形」「英単語」といった**モジュール（部品）**を子どもたちに植えつけ、それらを使って短文の不自然な寄せ集めを「解読」させているのです。

「昔よりはマシになった」とよく言われる大学受験のセンター試験「英語」ですら、いまだにモジュールの知識を問うものが大半を占めています。長文読解とは名ばかりの、「部品」がわかれば解ける問題がほとんどで、「文章の概要を大づかみに把握する力」には重きが置かれていません。

＊01　Spada and Tomita, 2010; Norris & Ortega, 2000; Lightbown & Spada, 2013

「加工食品のような英語」ばかり摂取させない

「既知の原則に基づいて個別の問題を解く」という演繹《えんえき》的な頭の使い方は、知性を磨いていくうえでも、社会を生きていくうえでも不可欠です。たとえば、いくつかの公理や証明済みの定理を用いながら、問題を解く「数学」などは、まさにこうした発想の力を養成することを目的としています。

奇妙なのは、「英語」科目にこれが入り込んでいることです。文法知識を組み合わせてじっくりと「パズル」を解く能力は、文脈に合わせて瞬時に音声で応答する能力とイコールではありません。後者には別のトレーニングが必要です。[*02]

現実のコミュニケーションを考えてみてください。目の前にあるのはいつも、構成パーツが明確な骨組みではなく、骨と肉が渾然一体《こんぜんいったい》となった〝**かたまり**〟です。

受験英語には「子どもはこの『かたまり』を消化できない」という先入観があります。

＊02　和泉，2009

しかも、このような考え方は学習者の側にも浸透してしまっています。塾で宿題として課した多読用の図書や動画教材に未習事項が少しでも含まれていると、「まだ習っていないのに！」とお怒りになる保護者や生徒がいます。

そこで学校英語は、部位別にバラバラに切り分けて処理を加えた〝お腹にやさしい加工食品〟だけを与えています。この合成飼料で純粋培養された子たちは、「大学受験」という牧場内ではいくら優秀でも、英語コミュニケーションの荒野に解き放たれてしまうと、「生の英語」がまったく消化できません。

現実の英語はつねに「かたまり」でやってきますから、多少わからない要素が含まれていようと、自分で意味を想像しながら一定量のインプットを継続することが欠かせません。そのほうが文法知識の定着や応用力の養成にはプラスですし、かかる時間も少なくて済みます。

「映像」で学べば、英語の「消化力」は飛躍する

ここでも思い返していただきたいのは、赤ちゃんの学び方です。

赤ちゃんは参考書で日本語文法を学んだりはしません。実際の食事の面では、ミルクや母乳、さらには離乳食というようにステップを踏むかもしれませんが、言語習得の面では、さながら野生動物のように、大量の音声を「かたまり」のまま、たくましく摂取していきます。そうこうするうちに、次第に生の言語を消化できる強靭な胃袋が備わっていくのです。[＊03]

言語学者の**ノーム・チョムスキー**は、人間は誰しも**普遍文法（Universal Grammar）**という言語の種を備えていると考えました。これは50年以上前に提唱された古典的な仮説ですが、教育の現場で子どもたちの学習プロセスを観察している者としても、大いに共感できる考え方です。

植物の種が開花するには、水・日光・土壌の養分が必要なのと同様、言語がきれいな花

＊03　Ellis, 2009; Gass, 2013

を咲かせるまでには、継続的な**言語刺激**（文脈と言葉の対応関係）が欠かせません。

子どもに大量の言語刺激を与えたいのであれば、ネイティブの人にたくさん話しかけてもらうのがいちばんでしょう。実際、赤ちゃんはそうやって言葉に触れながら、母語を獲得していきます。

しかし、このやり方には環境的にも限界がありますよね。さらに、ものごころついた子どもなら、こんな一方的な「英語シャワー」はすぐにいやになってしまうはずです。

では、どうすれば英語を「かたまり」のままインプットできるのでしょうか？

先に答えを言ってしまえば、ベストなのは**映像**です。

❶ 一定の「状況」を「目」で見ながら、
❷ 変化する「音」を「耳」で聴き、
❸ 同時に「発声」を「口」で行う

この3つを再現し、聴覚と視覚を同時に刺激できる動画こそが、「人類最強の語学学習法」を可能にします。どういうことなのか、もう少し詳しくご説明しましょう。

文法学習では「状況」が抜け落ちてしまう

言葉の意味はつねに「**状況**」ないし「**文脈**」のなかにありますから、**本当に使える語学力を身につけるためには、状況のなかの意味を理解するトレーニングが欠かせません。**言葉の辞書的な意味や、形式的な文法を学ぶだけでは、言葉の瞬発力は絶対に鍛えられないのです。

次のような例文と解説があるとしましょう。

Could you open the window?
──Could は Can の過去形。ここでは過去の意味ではなく婉曲表現の用法なので、『窓を開けていただいてもよろしいでしょうか？』というより丁寧な意味になる

しかし、この解説はどこまで正確でしょうか？

たとえば、映画のワンシーンで、老紳士が窓を指差しながら、主人公にものすごい剣幕で「Could you open the window?」と叫んでいるのだとしたら？

言葉の表現は同じですが、「状況のなかの意味」はまったく異なります。

むしろ、could を使うことで慇懃《いんぎん》無礼《ぶれい》な感じや命令的な態度がいっそう強調されています。しかも、ちょっと嫌味なニュアンスを込めたこういう could の使い方は、決して珍しいものではありません。

状況から離れて形式的な文法だけを学んでも、「本来の意味」は抜け落ちてしまいます。

だとすれば、老紳士がそうやって叫んでいる様子を「映像」で見ながら学ぶほうが、はるかに効果的だと思いませんか？

▼なぜ「カードで覚えた単語」は役に立たない？

「状況」のなかで英語を学ぶスタイルは、**単語学習**にも当てはまります。

小さなお子さんに単語を覚えさせようと思って、子ども用の**単語カード**を購入した方もいるかもしれませんが、これもあまりおすすめしません。

読者のみなさんのなかには、学生時代に**単語帳**を使って単語を暗記したという人も多いでしょう。これは「部分積み上げ式英語」の最たるものです。

いまでは、ジャンルごとに関連単語がまとめられているものもありますが、たとえば入試での出題頻度順になった単語帳では、各単語のあいだには何もつながりもありません。つまり、単語が使われる「状況」は捨象されています。

他方、**赤ちゃんはやはり「状況のなか」で単語を学んでいきます**。

「ママ」というのは、家族の構成員を示す一般名詞ではなく、いつも自分を抱き上げてくれる〝この人〟のこととして理解しています。「リンゴ」というのは、ときどき「ママ」がウサギのかたちに剝いてくれる果物のことです。

一方、アメリカで「apple」といえば、日本産のふじとか紅玉よりも小ぶりな品種がイメージされます。アップル社のロゴマークを思い出していただければわかるとおり、このリンゴは皮を剝ずにそのままかじる食べ方が一般的です。

子どもの単語は「ピクチャーディクショナリー」が最強

子どもが母語を習得する場合、状況と単語の対応づけは、日々の生活空間のなかでランダムに進んでいきますから、単語は「必要なもの順」に自然と学習されていきます。

一方、外国語の習得となると、身近にネイティブスピーカーがいたりしない限り、なかなか母語のようなわけにはいきません。**状況と単語を適切に対応づけて、しかもそれを何度も反復できるようなツール**が必要になります。

そこでおすすめなのが、**ピクチャーディクショナリー**です。

大きな絵のなかにさまざまな事物が描き込まれており、それぞれに英単語が印字されているものなどは、子どもの単語学習にはうってつけです。

一つの景色のなかで、実際のモノを目で見ながら、それの名前を声に出す——。これが最も原始的なボキャブラリーの身につけ方です。

親子でイラストを指差しながら単語を発音してもいいですし、「It's a cat. It isn't a cat. It's a dog.」のように簡単なセンテンスを口に出す練習をしてもいいでしょう。いずれにしろ、最初からすらすらと読んだり、言えたりする必要はありません。

これを踏まえれば、さきほど「おすすめしない」と言った単語カードにも、有効な使い道はあります。たとえば、**カードを何枚か使って一つの「おはなし」をつくる**のは、いいアイデアでしょう。要するに、無関係な単語をバラバラに学ぶのではなく、何か共通のテーマにひもづけるわけです。

ＪＰＲＥＰのキッズクラスでは、たとえば「Saint Patrick's Day」について先生が話す日には、「green」「Ireland」「shamrock」といった関連語のカードを見せながら、単語を声に出したり、これを使ってゲームをしたりしています。

念のために解説すると、アイルランド発祥である聖パトリックの祝日には、シャムロックという植物や、緑色のものを身につける風習があります。こんな外国の一風変わった祝日の話とセットで覚えれば、馴染みのない単語も子どもたちの記憶には定着しやすくなります。

言葉のルールを「自分で発見」させる

日本の英語教育が「加工食品を与えるスタイル」になってしまっているのは、基礎知識がないまま「かたまり」を与えると、子どもは何も理解できず、「消化不良」を起こすだろうと懸念されているからです。あるいは、受験対策塾での他教科の指導スタイルが影響を及ぼしている可能性もあります。

とはいえ、**10歳くらいまでの子どもなら、「消化不良」はあまり心配する必要はありません。**何も文法を教えていない6〜7歳くらいの子でも、入塾から半年もすれば楽しそうに英語を話すようになります。ネイティブの先生が「今週はどんなことがあった?」「何か面白いことはあった?」という質問を投げかければ、子どもたちは即興で話をします。

このとき、彼らは「ここの冠詞はaでいいのかな……」とか「三単現のsを忘れないようにしなきゃ……」などといったことを考えません。自分の英語が伝わるのを純粋に楽しんでいます。もちろん冠詞を飛ばしたり、時制がめちゃくちゃだったりすることは珍しくありませんし、ときにはこんな間違いをする子もいます。

I speaked with Grandma.

これもフォニックスのときと同様、いわば「価値あるミス」です。実際、僕がアメリカにいるころには、ネイティブの子どもたちがこれと同じ間違い方をするのを何度も耳にしたことがあります。

英語の「かたまり」に何度も触れるうちに、過去のことには「-d/-ed」をつけるのだと気づき、自らそのルールを応用する――こういった試行錯誤のプロセスを尊重する態度が、子どもの英語学習を見守る大人には欠かせません。

逆に、子どもが秘めている力を信じずに、加工食品のような英語ばかりを与えていると、結局その子は生の英語を消化できないまま成長していきます。

文法や単語の学習は、年齢が上がってからいくらでもできますし、学校英語などでもその機会には事欠きません。むしろ、概念的な学習は、ある程度の学齢になってからのほうが効率も高まります。

英語を英語のまま捉える力を養い、英語に対する自信をつけていくことを考えると、文法やスペルの小さな間違いにはできる限り寛容になり、「自分の英語が通じた！」という体験をたくさん積ませることが大切なのです。

Chapter 3

「ただの英語上手」で終わらない

——[発想転換③]「英語を」ではなく「英語で」学ぶ

▼「英語だけ」ではもったいない

「ということは、やっぱり英語漬けがいちばんなんですね？」

こんな質問をときどき保護者の方からいただきます。

たしかに、英語を「音」「かたまり」で摂取していくなら、英語を母語とする家族・教師・友人に囲まれながら、日常的に〝英語のシャワー〟を浴びるのがいちばんです。実際、これを小さなころから継続すれば、ある程度は英語が話せるようになるでしょう。

ただ、ほとんどのお母さん・お父さんは、「英語ができるだけの子」になってほしいわけではないはずです。この世界をたくましく生きていくための一スキルとして、英語に可能性を感じていらっしゃるのだと思います。

だとすると、英語のためだけに英語を学ぶ学習スタイルは、本当にお子さんのためになっているでしょうか？

子どもの時間は有限です。英語を学ばせる時間があれば、家族で旅行やキャンプに行けたかもしれませんし、おじいちゃんやおばあちゃんに会えたかもしれません。友達と一生ものの思い出をつくれたかもしれませんし、大好きなスポーツや音楽に打ち込めたかもしれません。長期間にわたって主体的に学び続けるモティベーションは、むしろこうしたきっかけから生まれます。

そんなチャンスを捨ててまで、「単なる語学の勉強」に時間を費やす価値があるのか、という視点はつねに必要です。

▼「英語嫌い」になったら、元も子もない

SLA研究からしても、「英語だけを学ぶこと」は次の2つの理由から推奨されません。

❶ モティベーションが維持しづらい
❷ 学習効率が高まらない

まず前者のモティベーションについてお話ししましょう。

ＳＬＡの学術研究では、**「外国語をマスターするためには学習の〝継続〟が不可欠だ」**ということがわかっています。[*01]

これは、わざわざ学者に指摘されるまでもなく、本気で外国語を身につけようとした経験がある人なら、誰でも思い当たることだと思います。

僕たちは通常、母語である日本語にさらされ続けていますから、いくら英語を勉強しても、すぐに「日本語の頭」に戻ってしまいます。本当に英語を身につけたければ、脳に対して継続的に英語の刺激を与え、自分なりに英語で何かを表現する作業を繰り返す必要があるのです。

そして、一定期間にわたって学習を続けるためには、**モティベーションの維持**がカギになります。

いかに動機づけを工夫するかも、言語習得の重要なファクターなのです。ＳＬＡの世界でも、どんな動機づけがどんな影響をもたらすかを研究している人がいます。[*02]

＊01　村野井 , 2006
＊02　Dörnyei, 2001

興味分野の英語で、「推測読み」の力が身につく

お子さんのモティベーション維持で重要なのは、**子ども自身が興味を持てるコンテンツを使えているかどうか**です。

みなさんは、学校で読まされた英文を「面白い」と感じたことが一度でもありますでしょうか？　学校教材などは「出題・採点のしやすさ」や「万人受け」を考えるあまり、毒にも薬にもならない無味乾燥な文章を取り上げがちです。大半の生徒が「英語って楽しい！」と思えないのは至極当たり前のことです。

一方、子ども本人の興味をもとに素材を選べば、さまざまなメリットがあります。一つはもちろん、子どもの「好き」に基づいているので、集中力も維持でき、学習の継続や反復がしやすくなることです。

また、関心があるコンテンツなら、**背景知識をもとにしたインプット**が可能になります。**たとえわからない単語や聞き取れないところがあっても、「知っていること」に基づいて自分なりに「推測」をしながら、英語を読んだり聞いたりできる**ということです。

海外のゲーム攻略動画をYouTubeで見ながら英語力を高めた子の話にはさきほど触れましたが、そのほかにも、サッカーやファッションを軸に英語に触れている生徒、アニメや映画の世界を入り口にしている子もいます。すでに書いたとおり、僕自身も海外ラジオ放送への「好き」がこうじて、イェール大学で政治学の学位を取るまでになりました。

子どもの**のめり込む力**は尋常ではありません。その集中力にうまく乗って、子どもの英語力を伸ばすことを忘れないようにしてください。

▼「親のひと言」で消えたやる気は、なかなか戻らない

モティベーションに関して、もう一つ気をつけていただきたいのが、**何気ないひと言で、子どものやる気を削いでしまうこと**です。

塾にやってくる子たちの能力には、当然のことながら差があります。しかし、その開きはみなさんが思うほど大きなものではありません。にもかかわらず、なぜグングンと伸び

る子と途中で脱落してしまう子がいるのか？

これは、本人の**自信**によって説明できる部分が大きいと思います。

自信がある子は、自分の英語力が伸びていくことに疑問を持っていません。彼らは「塾でこれだけ習っているのだから、僕が英語を話せるようになるのは当たり前だ！」とでも言いたげな顔をしています。

一方、そうでない子の場合、**保護者の言葉や態度に特徴があります。端的に言えば、子どもを褒めない**のです。場合によっては、子どもの目の前で「この子、私に似て英語が苦手で……」とか「うちの子は、すぐサボる性格だからダメなんです」などと僕におっしゃる方もいます。

お母さんやお父さんの言葉にはものすごい力があります。こうしたひと言がどれほど子どもを傷つけているかを考えると、とても辛い気持ちになります。

「（そうか、僕はお母さんに似ているから、英語ができないのか……）」

「（たしかに私って、すぐにサボるダメな子だな……英語はあきらめよう）」

一度こんなふうに子どもが思ってしまうと、それを取り戻すのには並大抵ではない労力と時間がかかります。

英語は適切な方法で学ぶ努力を続ければ、どんな子でも身につきます。間違った知識に基づいた間違ったひと言で、子どもの将来をつぶすことは絶対にやめましょう。お子さんをどんどん褒めて、英語を使うことの楽しさを実感させてあげてください。

▼英語だけで学ぶと、かえって効率は下がる

「英語のためだけの英語学習」を避けるべき第2の理由は、**ただ英語〝を〟学ぶよりも、英語〝で〟何かほかの知識を学んだほうが、学習効率が高くなる**からです。

そこで実践されているのが、**CLIL《クリル》（Content and Language Integrated Learning：内容言語統合型学習）**です。これは文字どおり、その他の教科のコンテンツ理解と言葉の習得を統合した学習であり、世界中の語学授業で取り入れられている手法です。[*03]

＊03 Coyle et al., 2010

さらに外国語教授法の世界では、生徒が興味を持っている教科分野を第二言語で学ぶことで、新たな知識の獲得と語学習得を同時に実現させようとする**CBI（Content Based Instruction：コンテンツに基づく指導法）**という考え方も以前から提唱されています。[*04]

アスリートの外国語能力が高くなるのは、コンテンツに基づいた語学学習の有効性を示す一例でしょう。外国人力士の日本語があそこまで流暢なのは、相撲という文化的コンテンツのなかで言葉を吸収しているからです。

ＪＰＲＥＰキッズが毎年夏にイングリッシュ・キャンプを開催しているのも、「拡大版ＣＬＩＬ」を意図してのことです。山形の自然のなかで3泊4日、オールイングリッシュ環境で過ごすと、ほとんどの子どもたちがみごとに英語を話すようになります。

ただし、**実際のＣＬＩＬは、相撲やキャンプよりも、通常の教科学習やもう少し専門性の高い学びとセットで語られる**のが一般的です。

ＪＰＲＥＰではヘミングウェイの『老人と海（*The Old Man and the Sea*）』やハーバード大の経済史学者であるファーガソンの『文明（*Civilization*）』を読ませています。ほかにも古代ローマ史とか初等物理学、プログラミングの授業を英語でやったり、ラッセルの『西

＊04　Snow & Brinton, 2017

洋哲学史（*History of Western Philosophy*）』を読んだりもします。

先日、最高レベルのクラスでは、ウェールズ大学の国際関係論の大家E・H・カーの『危機の20年（*The Twenty Years' Crisis*）』を素材に、「なぜドイツ・ヒトラー政権と交渉したイギリスは、戦争を防ぎきれなかったのか」について生徒たちがディスカッション（もちろん英語で）をしました。

興味を軸に学ぶということは、ただ「好きかどうか」だけではありません。**本当に知的好奇心を刺激するようなコンテンツかどうか**を吟味することと表裏一体なのです。

▼「本物」の英語ですか？——素材のオーセンティシティ

日本の教育では、無味乾燥な素材を使って、ひたすら基礎固めの〝修行〟をしてから、そのあとに大して面白くもない応用編がおまけのようについてくる、というのがお決まりの流れになっています。

しかし、「学習用に調整された英語」ではなく、嚙み応えのある「本物の英語」を味わう機会は、年齢に関係なく必須です。

ＳＬＡの世界でも、素材となる英語が**本物であること（Authenticity）**が、学習効率に大きな影響を与えるという報告があります。[*05]

逆に言えば、ネイティブが絶対に口にしない「加工済みの不自然な例文」ばかりをインプットしても、英語力はなかなか高まりません。英語をスムーズに身につけたいのなら、**英語を母語とする人たちが生み出したオーセンティックな（本物の）英文素材を選ぶべき**なのです。

英語は世界中で話されている共通語ですから、何が本物で何が偽物なのかはかなり曖昧なのも事実です。ただし、社会に出たときには、自然な英語を使えるかどうかは、現実問題としてその人の評価を大きく左右します。そんな事情も考慮すると、やはり学習素材には「本物として通用する英語」を選ぶべきだと思います。

＊　＊　＊

＊05　Gilmore, 2007

さて、少し複雑な話が続いたので、おさらいしましょう。子どもの外国語学習においては、次の3つを意識することが大切でした。

❶「文字」ではなく「音」から学ぶ

❷「断片」ではなく「かたまり」で学ぶ

❸「英語を」ではなく「英語で」学ぶ

これが基本中の基本です。とてもシンプルですよね。

ただ、これを踏まえていても、じつはまだ「小さな落とし穴」はいくつかあります。基本編の最後を締めくくる次のチャプターでは、JPREPの親御さんたちにもよく見られる**5つの誤解**を取り上げることにしましょう。

Chapter 4

優秀な親ほど誤解する
5つのこと

誤解1 片言でも会話ができれば十分

真実 「幼稚な英語」だと損する！

「イマージョン（英語漬け）だけ」は何が問題か？

「英語なんてただの言葉。体当たりで飛び込んで、**片言レベル**になれば十分！」

日本人の英語力の惨状を見かねてか、こんな意見をよく目にします。この考え方には僕も共感するところがあります。

英語は使わなければ意味がありませんし、いつまでも修行ばかりしていないで、さっさと荒野に飛び出せばいいのにと感じることは多々あります。

一方で、「通じさえすればそれでいい」を強調するあまり、文法や細かな表現を軽視する風潮が広がることにも危機感を覚えます。

子ども英語の世界で、「通じさえすればいい！」という流れの後押しを受けているのが、**イマージョン（immersion）**式の教育スタイルです。

イマージョンの語源の「immerse」は「浸《ひた》す」の意。要するに、英語環境に子どもを投げ込み、英語にどっぷり浸《つ》からせる教育だと言えばわかりやすいでしょうか。なかでも、ネイティブによる100％英語の指導を**トータル・イマージョン**と呼んだりもします。

「**小さいころから英語漬けにすれば、バイリンガルになるはず！**」と信じて、幼児のうちからイマージョンスクールに入れる〝熱心な〟保護者も少なくないようです。

しかし、ビジネスや海外大学への留学でも十分に通用する英語力、さらにそれに留まらない知的体力にも磨きをかけていってほしいのであれば、イマージョンも含めた教育計画は、もう少し長期的な目線で見直す必要があります。

まず、子どものころに見よう見まねで覚えた英語というのは、結局のところ、「子どもレベルの英語」であり、そのままでは社会には通用しません。

さらに、将来的にどんなことを学んでほしいのかのビジョンがないまま、幼児期に英語を身につけさせても、その力は実践の機会を迎えないまま、子どもの成長とともにやがて忘却のかなたへと消えてしまうでしょう。

最後に、**幼児期のイマージョンは、母語（日本語）による学習の時間を犠牲にして成り立っている**ことも自覚しておく必要があります。

▼「帰国子女の英語は使えない」と言われる理由

親の仕事の都合で幼少期を海外で過ごした帰国子女は、外資系企業などに就職した際に、壁にぶつかることが多いと聞いたことがあります。

流暢な英語コミュニケーションの能力を買われて採用されたにもかかわらず、蓋《ふた》を開けてみると、彼／彼女の話す英語がとても幼稚で、ビジネスには相応しくなかったりするからです。

日本のテレビ番組では、いわゆるハーフのタレントが年上の人にちょっと失礼な「タメ口」で話したりするのを面白がるような風潮がありますが、あれをビジネスシーンでやってしまうと致命的です。

しかも今後は、**「英語をしゃべる能力だけはある子」は大して珍しい存在ではなくなる**でしょう。だとすると、カジュアルな会話の能力だけではなく、一定の知性に裏打ちされた「大人の英語」をマスターしない限り、大多数の人材のなかに埋もれることになりかねません。

世界各国にオフィスを持つ外資系コンサルティング企業の方から聞いた話です。同社内では「日本オフィスだけが英語が通じない」という残念な評判があるそうです。

この会社は戦略コンサルとしては世界トップとされる企業ですから、集まっているのはトップクラスの優秀な日本人のはずです。にもかかわらず、まともに英語が話せる人はせいぜい3割。残りの7割の社員は「実務レベルの英語力がない」と見なされているということでした。

これは英語力そのものの水準もさることながら、ビジネスの現場で通用する表現力が不足しているということです。もはや「英語なんて話せればいい」「体当たりでなんとかなる」とは言っていられない時代なのです。

▼「本当の語学力」を測定するCEFRとは？

では、その「大人の英語」というのは、具体的にどんなものなのでしょうか？

ここで参考にしたいのが、**CEFR**《セファール》**（Common European Framework of Reference for Languages：ヨーロッパ言語共通参照枠）**という言語能力の国際的な評価ガイドラインです。

これは英語のみならず、さまざまな言語に使われており、初心者レベルの「A1」から、最高レベルの「C2」まで、それぞれに目安が設けられています。

これがあることで、「ケンブリッジ大学入学には、CEFR『B2』レベルの英語力が必要です」「当社に採用されたい人は、CEFR『C1』水準のフランス語力がないと困

CEFRの基準
(各種英語試験との難易度比較)

CEFR		英検		TOFEL			IELTS
レベル	基準	級	CSE スコア	Junior [Standard]	Junior [Comprehensive]	iBT	
C2	ほぼすべての話題を容易に理解し、その内容を論理的に再構成して、ごく細かいニュアンスまで表現できる	—	3300 −4000	—	—	—	8.5 −9.0
C1	広範で複雑な話題を理解して、目的に合った適切な言葉を使い、論理的な主張や議論を組み立てることができる	1級	2600 −3300	—	—	95 −120	7.0 −8.0
B2	社会生活での幅広い話題について自然に会話ができ、明確かつ詳細に自分の意見を表現できる	準1級	2300 −2600	850 −900	341 −352	72 −94	5.5 −6.5
B1	社会生活での身近な話題について理解し、自分の意思とその理由を簡単に説明できる	2級	1950 −2300	745 −845	322 −340	42 −71	4.0 −5.0
A2	日常生活での身近なことがらについて、簡単なやりとりができる	準2級	1700 −1950	645 −740	300 −321	−41	3.0
A1	日常生活での基本的な表現を理解し、ごく簡単なやりとりができる	3〜4級	−1700	600 −640	280 −299	—	2.0
A0	ごく簡単な表現を聞きとれて、基本的な語句で自分の名前や気持ちを伝えることができる	5級	—	—	—	—	—

りますよ」という具合に、語学力を共通の土台で評価できます。移民や多言語使用者の割合が多いヨーロッパだからこその仕組みだと言えるでしょう。

▼日常会話レベルでは、子どものためにはならない

ここで「大人の英語力」と呼べるのは、CEFRの**B2**レベル、すなわち、「自分の専門分野の技術的な議論も含めて、抽象的な話題でも具体的な話題でも、複雑な文章の主要な話題を理解できる」水準です。つまり、**ビジネスや学問の現場でも、自分の専門性を軸にコミュニケーションができる言語レベル**です。

たしかに、難関大の入試「英語」も、語彙《ごい》や文法知識だけを見れば、B2相当ですが、表現力が問われることはほとんどありません。その結果、日本の高卒者の半分以上は、A2レベルにすら届かない英語力だと言われています。

一方、中途半端なイマージョンで身につく英語力も、せいぜい**A2**レベルまで。これは言ってみれば、**「英語をしゃべるだけならなんとかなる」という程度**です。

ここで言うＡ２／Ｂ２の差は、言語学で言う**生活言語能力（ＢＩＣＳ《ビックス》：Basic Interpersonal Communication Skills）**と**学習言語能力（ＣＡＬＰ《カルプ》：Cognitive/Academic Language Proficiency）**の違いにほぼ対応しています。

保護者のみなさんには、日々の生活を送るために必要な語学力ではなく、世界をたくましく生き抜く幅広いスキルセットのことを考えていただきたいのです。

海外の友達をつくるだけならＡ２で十分ですが、外国語の力を武器に、将来にわたって仕事で活躍することを目指すのなら、はじめからＢ２水準を目標にするべきです。そのためには、**英語で知的な作業に取り組むＣＬＩＬのようなプロセスが不可欠**です。

実際、ＪＰＲＥＰでも、大学入学までに生徒たちをＣＥＦＲでＢ２レベルにまで引き上げることを目指していますし、ＰＡＲＴ２のメソッドも、最終的にはお子さんをこの水準にまで連れていくことを念頭に置いています。

これは、いたずらにハードルを上げているわけでは決してありません。

僕個人の考えですが、**Ａ２水準で満足するくらいなら、子どもの貴重な時間をほかのことに振り向けたほうが、長期的にはわが子のため**だと思うからです。

仕事や学問でも通用する**B2を目指してはじめて、お子さんは将来的に英語のメリットを実感できますし、母語でのさまざまな知的作業にも相乗効果が生まれてきます。**

とはいえ、イマージョン式の教育を全面否定するつもりはありませんし、僕たち自身でも、オールイングリッシュ環境のインターナショナル幼稚園を経営しています。

もしイマージョン式の学習を取り入れるのであれば、**時期を区切って短期集中型にするなどの工夫をすることをおすすめします。**ただしその場合でも、幼少期に獲得した語学力を「維持」するのにはそれなりの努力が必要だということは、知っておいていただければと思います。

誤解2
学校の「英語」と「英会話」は別物

真実
本物の英語力があれば、入試もカンタン

▼なぜ「英会話スクール」だけでは「成績」が伸びない？

僕の塾では、文科省の学習指導要領を踏まえた授業はやっていません。大部分の教材は自社で開発していますし、市販のものにしても、英語圏に留学する非ネイティブの学生たちがお世話になる参考書を使っています。

子どもの成績アップや入試対策をＪＰＲＥＰに期待しているお母さん・お父さんは、この点に不安を覚えるようで、こんなことを言われたりもします。

「先生、**英会話**も大事かもしれませんが、**学校の成績**は大丈夫でしょうか？」

こういう親御さんは、「学校での英語」と「実践的な英語力」をまったくの別物ととらえ、「英会話ができたところで、学校の成績には直結しない」と考えているようです。

たしかに以前は、**英会話スクールに通っているおかげでそれなりに英語が話せるのに、なぜか学校の成績がよくないという子**をよく見かけました。

前項で見たとおり、これは英会話スクール側の課題でもあります。つまり、表面的な会話力を鍛えるイマージョン教育ばかりを行い、英語で知的な作業を行う練習メニューをしっかりと提供してこなかったのです。

一方で、学校側にも大きな問題がありました。分析的な知識を問う指導や試験対策に偏り、コミュニケーションの能力をしっかりと育ててこなかったからです。

このすれ違いが、両者のミスマッチを引き起こしていました。

▼小学生でも「英語」に成績がつくようになる

しかし、そうした状況も大きく変わりつつあります。「実用的な英語を身につけたところで、学校の英語の成績は伸びない」というねじれは、少しずつ解消されていくかもしれません。

その転換の中心にあるのが、**小学校英語**と**大学入試改革**の2つです。

小学校では、2020年度の新しい学習指導要領を契機に、小学校5・6年生で「英語」が正式な教科になります。2018年4月から先行実施する自治体もあるので、お住まいの地域によっては、2018年度の新5・6年生はもう対象になります。

現時点でも、全体の92・3%の学級は**外国語活動**という名称で英語学習を取り入れています。しかしこの授業はアクティビティが中心なうえ、週1コマ程度（年間35単位時間）です。[*01]

教科化されれば、授業数も週2コマほど（年間70単位時間）になり、「算数」や「国語」

＊01　文部科学省「平成28年度英語教育実施状況調査（小学校）」

などのように成績評価の対象になります。また、これと同じタイミングで、小学校3・4年生では週1コマ程度の「外国語活動」がはじまります。中学受験などでも、「英語」を入試科目に課す学校が増えてくると考えたほうがいいでしょう。

「問題だらけの小学校英語」にもチャンスは眠っている

この変革をめぐっては、「そもそも小学校に『教えられる人材』がいるのか？」という批判があります。「英語」の教員免許を持った小学校教員は、全体の5％ほどだそうですから、まさに全国で「無免許運転」がはじまろうとしていると言えなくもありません。

こうした混乱を予期してか、全国からたくさんの教員の方が「話を聞きたい」と言って僕のところに訪ねてきます。彼らから現場の状況をお聞きする限り、かなりハードな未来が待ち受けているのはたしかです。しばらくはゴタゴタもあるでしょうし、子どもたちにとって本質的なメリットがあるのかについても甚だ疑問です。

とはいえ、マイナス面ばかりを強調しても仕方ありません。保護者・教育者としてできるのは、この新しい仕組みをうまく生かすことです。ご自宅でできることは、無数にありますし、それがひとまずは成績アップという短期的な実利にもつながる以上、前向きに受けとめるべきでしょう。

また、小学校の先生にも工夫の余地はあります。いや、むしろ**小学校のほうが中学・高校よりも環境的には恵まれている**かもしれません。

すべての科目を一人で教える小学校の担任教師なら、ほかの科目の進捗状況を把握していますから、たとえば「算数」「理科」で学んだことを英語で復習してみたり、「国語」「社会」の内容を英語の視点でとらえ直したりする授業ができます。

すでに日本語で学んだ内容を英語で学び直せば、理解度が深まると同時に、知識に奥行きを持たせることができます。**小学校「英語」の教室は、CLILのための環境としてはじつに理想的**なのです。

一方で、従来型の学校英語の単なるミニチュア版が、小学生たちに押しつけられるような事態だけは絶対に避けるべきです。

中学受験の入試問題にペーパーテストだけの「英語」が導入されれば、「英語が嫌いな子」の割合は激増しかねません。これでは中学以降の学習にもマイナスです。子どもたちがモティベーションを持って学習に取り組めるよう、小学校の先生方にはぜひ工夫していただきたいと思います。

▼対象になるのは何年生まれの子から？

子どもの英語教育をめぐるもう一つの大きな変化が、大学入試改革です。２０２０年度から、多くの大学を受験する際に必要な「大学入試センター試験」が廃止され、**大学入学共通テスト**に変わることはご存知でしょうか。

逆算すると、２００２年４月２日以降に生まれた子たちは、大学受験の際に「共通テスト」を使う可能性があります。２０１８年度の新・高校１年生が、新制度の一期生です。「共通テスト」で最も変わるとされるのが「英語」です。センター試験では、「読む」「聞く」の２技能だけが評価の対象になっていましたが、新しい大学入試では「話す」「書く」

の力も評価する**4技能型試験**に移行することになっています。**とくに国立大学では、4技能型テストの受験が必須になる見込み**です。

そこで注目すべきは、4技能を総合的に見るため、**民間の検定試験を活用できるようになる可能性**です。大学入試センターが認定したものに限り、民間事業者による資格・検定試験の結果が受験者のスコアとして使えるようになると言われています。

ただし文科省は、2020年度から2023年度までの4年間を移行期間としていますし、事態はまだ流動的ではあります。その意味で、本格的に「待ったなし」と言えそうなのは、「共通テスト・英語」の制度が完全にかたまる2024年度以降の受験生、つまり、2006年4月2日生まれの子（2018年4月時点で新・小学6年生の子）ということになるでしょうか。

どのような試験が認定対象になるかはまだわからないにせよ、2002年4月以降に生まれた子たちを持つ親は、**「文法パズルが解けるだけでは入試の得点にならなくなる」「最初から実践的な英語力を磨いておいたほうが、あとあと有利になる」と考えておいて損はない**でしょう。

「英語の成績がいい子＝秀才タイプ」ではなくなる

大学入試改革が大きな意味を持つのは、これによって、それよりも〝手前〟の教育、つまり、高校や中学、さらには小学校の授業に大きなインパクトがもたらされるからです。

学校や塾の英語が、「部品」を植えつけるような授業を繰り返していたのは、大学入試で「部品の知識」が問われてきたからです。いくら無駄だとわかっていても、「生徒を大学に受からせること」がゴールだとされている教師・講師たちにとっては、文法重視の「使えない英語」を教えるのが、最も理にかなっていたというわけです。

さらに学校の現場では、先生方が一個人で努力しても容易には解決できない問題が山積しています。部活指導や事務作業で多忙を極め、一クラスあたりの生徒数も多いので、丁寧な教え方をしている余裕もありません。

しかし、**もはやゴールが変わった以上、授業も生徒の評価軸も大きく変わっていく**でしょう。すでに最近の学校英語カリキュラムでは、文法知識の習得よりも、「どのような課題を達成できるか」を重視する**can-doリスト化**が進みつつあります。これは、かつてのように文法知識だけで英語力を評価することがなくなった一例です。

以前から言われ続けてきた「4技能重視」の流れは、新しい学習指導要領で一気に加速するはずです。文法知識だけで優秀な成績を取れたのは、過去の話になり、**本当の英語力がある子が正当に評価される時代が到来する**ことになるでしょう。

▼直近の大学入試でも「変化」は起きている

小学校英語と大学入試改革の話をしてきましたが、「うちの子はもう高校生だし、『英語』の新制度は関係ないのか……」という方のために、もう少し補足をしておきます。

「言葉はあくまでコミュニケーションの道具である」——これがSLAに通底する基本的な価値観です。つまり、言葉の習熟度を測るうえでは、文法が正確かどうかは評価軸の一つに過ぎません。発音がどれくらい滑らかか、伝えたいメッセージは明確かなどを含め、SLAでは多面的に言語習得のレベルを評価します。[*02]

＊02　Skehan, 1998

ここで看過できないのは、**こうしたＳＬＡ的な価値観が、すでに最近の大学入試にも持ち込まれつつある**ということです。とくに難関大学では、総合力を問う入試が導入されています。ひと昔前のような、和訳・英訳を通して理解力の深さを確かめる問題は姿を消し、英語の運用能力、英語での分析力を直接確認する問題に取って代わられます。

たとえば、東京大学の２０１７年前期日程試験「英語」では、こんな問題が出題されて話題となりました。

「あなたがいま試験を受けているキャンパスに関して、気づいたことを一つ選び、それについて60～80語の英語で説明しなさい」

これが単に「英語力だけ」を問う設問でないことは明らかです。試験会場にやってくるまでの観察力や歴史的教養、それを論理的に（しかも英語で）簡潔な言葉にする力など、**まさに総合的な知性が問われています**。

「入試で『面接』があったんですが、ＪＰＲＥＰでやってきた英語ディスカッションの経験がめちゃくちゃ役立ちました！」

これは慶應大学の医学部に特待生として合格した生徒の言葉です。**それまで英語で議論するトレーニングをしてきたわけですから、日本語での質疑応答が容易に感じるのは当然といえば当然**です。

彼がうちの塾にやってきたのは中3のときでした。それくらいでも勉強法を切り替えるタイミングとして遅くはありません。国内の難関校はもちろんのこと、総合力が真正面から問われる海外の有名大学を目指すのであれば、やはり英語で教科科目などを学ぶCLILは欠かせないでしょう。

酸素の薄い高地で走り込んで心肺機能を鍛えるマラソンランナーと同様、**外国語で知的トレーニングを積んだあとには、母語で同様の作業をするのが格段に楽になります。**

これは僕個人の体験に照らしてもそうです。イェール時代の博士論文をもとにした拙著『自民党長期政権の政治経済学』（勁草書房）は、日経・経済図書文化賞など、複数の学術賞を受ける高評価を得ました。これもまた、外国語という負荷をかけて思考した成果を、もう一度、母語環境で深めるプロセスがあったおかげだと感じています。

誤解3 12歳では手遅れ。幼児から英語教育を！

真実 「臨界期」は仮説。焦る必要なし

▼何歳が「学習のリミット」なのか？

「子どもには言葉を学ぶ力が備わっている」という話の裏返しで、「**ある一定年齢を過ぎると、もうバイリンガルにはなれない**」と考えている人もいらっしゃるようです。

いわゆる**臨界期（Critical Period）**という考え方です。一定の時期を過ぎると言語能力の一部が習得されづらくなることは、学術的な研究成果からも確からしいという報告が上がっています。[*03]

一方で、これが過度に強調されているのも事実です。

とくに幼児向けの英語教室などでは、おそらくマーケティング上の意図もあって、「大

＊03　DeKeyser, 2000

きくなってからでは遅い！」などと、**早期教育**を煽っているところも少なくありません。

まず押さえておいていただきたいのは、**臨界期はもともと「母語の習得」に関して提唱された仮説**だということです。つまり、ここで想定されているのは、ある言葉を母語として（＝ネイティブレベルで）習得できるリミットなのです。

それによれば、たとえば6～7歳までにその言語に触れれば、ほぼ誰でもネイティブにはなれるのですが、そのあたりを過ぎてくると、音の聞き取りや発音の点でネイティブレベルになれない人が少しずつ出てきます。また、10歳あたりを過ぎると、文をつくる能力などはネイティブになれないと主張する研究もあります。いずれも個人差はありますし、あくまで「仮説」の域を出ていません。

▼早くから親しむのは悪いことではない

したがって、早期教育神話は、「母語」の習得に関する「仮説」を、「外国語」の文脈で「絶対視」しているという意味で、二重に間違っています。

英語を学ぶのは「早ければ早いほどいい」とは限りませんし、学びはじめるタイミングに「手遅れ」もありません。実際、専門家たちの世界では、**「外国語習得については臨界期仮説は当てはまらない」と実証した研究**もあります。[*04]

一般的に言われる英語の臨界期は、じつは〝あってないようなもの〟なのです。

とはいえ、早くはじめることにも意味はあります。とくに発音などに関しては、子どものころからはじめた学習者のほうがかなり有利です。「音から」英語に入っていく力、英語の「かたまり」を受け入れる力は、小さな子どもにはかないません。

しかも小学校低学年くらいまでであれば、ためらいなく英語の世界に飛び込み、それを楽しもうとしますから、モティベーションなども保ちやすい面があります。

一方、**小学校高学年から中学生くらいになると、心理的なハードルがあらわれます。**JPREPの子どもたちも、キッズクラスの生徒たちは、こちらが何か質問をすると同時に「Yes!」「Me, me!!」と一斉に手を挙げますが、小学校高学年~中学生のクラスになると、途端にシャイな子が増えます。

＊04　Muñoz, 2006

人前でフォニックスの練習をやるのを恥ずかしがったり、異性の目を気にして発言しなくなる、声が小さくなるといったことが起きます。学校の授業で「日本式英語」の発音に触れはじめると、本格的な発音を恥ずかしがるようにもなるのでとても苦労します。

とはいえ、これは年齢特有の問題ですから、致し方のない部分もあるでしょう。僕も思春期の娘を持つ父親として、そのあたりの難しさは日々痛感しています。その意味で、小さいころから本格的な英語に親しませることにも、よい面はあるだろうと思います。

ベストな学習法は「時期」によって変わる!

「『文法から学ぶな』と言っておきながら、『英語漬けもダメ』って、なんだか矛盾しているような……。**結局、どっちがいいの?**」

ここまでの内容を読まれた読者の方は、こんな疑問をお持ちかもしれません。この2つの原則が矛盾しているように思えるのは、本書がここまでずっと、3〜18歳の学習を〝ひとくくり〟にして語ってきたからにほかなりません。

年齢に応じた語学学習アプローチ

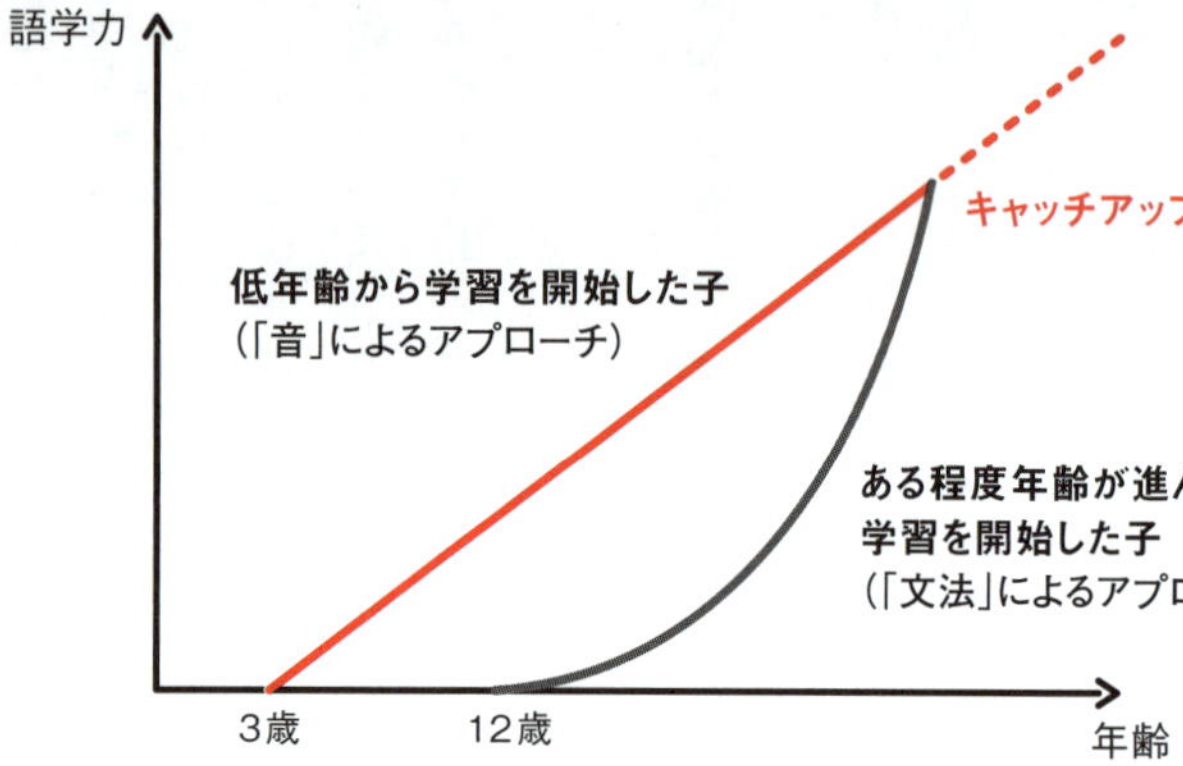

すでに述べたとおり(36ページ)、SLAの知見はあくまでも第二言語習得の「原理」でしかありませんから、**実際の指導にあたっては、学習者の年齢に応じた「アプローチ調整」が欠かせません。**どんな子にも、ずっと同じことをしていればいいわけではないのです。

したがって、前述の矛盾は**学習時期**という軸を加えることで解決します。

ごく大づかみに言えば、子どもがまだ幼いときには文法を介さずに英語をかたまりで学ぶ方法がより効果的であり、成長が進むにつれて、文法解説も交えた概念的な理解の有効度が高まっていくのです。

「都会のほうが英語は有利」はホント?

臨界期という「時間的な限界」の話が出たので、ついでに「空間的な制約」についても補足しておきたいと思います。子どもが育つ**地理的条件**の話です。

現在、JPREPには酒田校(山形県酒田市)があり、そこにも多くの生徒が通っています。しかし、生徒数の大半を占めているのは、東京の自由が丘校や渋谷校に通う都会の子たちですから、地方在住の読者さんは、ひょっとしたらこう感じたかもしれません。

「これってどうせ、地理的に恵まれている『都会っ子たちの勉強法』なんでしょ?」

僕が育ったのも、中学受験どころか私立中学すらないバリバリの田舎でしたから、英語学習の環境という点では、あまり恵まれていたとは言えません。ですので、こう考えたくなるお気持ちはよくわかります。

しかし、**いまでは英語学習の地理的格差はほぼない**と言っていいと思います。

何よりまず、インターネットやITデバイスの普及により、**学習環境が圧倒的に改善しています。**都市部でしか得られない情報というものはほぼなくなりましたし、オンラインのチャットサービスなら、どんな僻地《へきち》からでも対面型の指導を受けられます。

教材についても、ネット書店を使えば簡単に入手できます。ペーパーバック一冊を買うために、電車を乗り継いで1日がかりで出かけていた僕たちの時代とは大違いです。

▼「方言」で育つと、「英語」で得する？

それどころか僕個人は、**地方出身者にもアドバンテージがある**と信じています。

僕は18歳まで「庄内弁100％」の環境で育ちました。いまでも週の半分は山形で過ごしていますので、僕は「標準語・英語・庄内弁」のトリリンガル（3カ国語）環境で生活していると言っても過言ではありません。こうして「英語」に関する本を「標準語」を使いながら書いてはいますが、本当にうれしいとき、悲しいとき、怒ったときに、心のなかにふと浮かんでくる言葉は、英語でも標準語でもなく「庄内弁」だったりします。

僕の地元である酒田市はとくに訛りが強く、妻が初めて僕の実家に来たときには、祖母が何を話しているかほとんど何もわからなかったくらいです。そんなわけで、小学校5年生の夏休みに東京の親戚の家に遊びに行って以来、僕は自分の発音をかなり意識して矯正してきました。無意識のうちに訛りが出ていないかだけでなく、標準語と庄内弁はどこがどう違うかということも、子どもながらにいつも分析していたのです。

「〝し〟どごはずおんすなさ、〝す〟って言わねよ、気ぃつけねまねなやの。困たちゃ……（〝し〟の発音が〝す〟にならないよう気をつけなきゃ。困ったなあ……）」

長い目で見れば、中学校で英語を本格的に学びはじめる前にこうした機会を得たことが、とてもいい結果を生んだと思います。**2つの言葉の差を見つめ続けたことで、「文字と音の関係」にとても敏感になった**からです。

英語の「文字と音の関係」を学ぶうえでは、方言を話す地方出身者のほうが、客観的な視点を持つチャンスに恵まれていると思います。逆に、「標準語ネイティブ」の子たちは、母語の音の成り立ちを意識するタイミングがあまりないので、実際に指導をしていても、ちょっとだけ苦労することがあります。

誤解4
それでもバイリンガルに育てたい！

真実
通常の英語学習で「頭のいい子」は育つ

▼世界で活躍するのに、バイリンガルである必要はない

「臨界期というのは『ネイティブになれる限界時期』でしかない」と説明すると、「いや、わが家は**日本語も英語もネイティブ並みのバイリンガルに育てたい**ので、やっぱり幼稚園のうちから英語教育を受けさせたいです……」とおっしゃる親御さんがいます。

ここにも誤解があるように思います。もし、お母さん・お父さんが「子どもには将来的に海外でも活躍してほしい」と思っているのであれば、**「完璧なバイリンガル」に育てる必要はありません。**

2つの言葉を完璧に使いこなせることが、即「海外でも活躍できる人材」の必要十分条件かといえば、決してそんなことはないでしょう。SLAのバイリンガル研究では、**2言語を同程度に操れるバイリンガル（Balanced Bilingualism）はほとんど存在しない**という認識が一般的ですし、2つの語学力にそれなりに差があったとしても、本人が社会生活で困らないのであれば問題ないとする考え方もあります。[*05]

モノリンガル（単言語話者）とバイリンガルの区別は、白か黒かのように明瞭ではなく、無数の中間色があるグラデーションになっています。そもそも「言語をマスターする」というのは、非常につかみどころのない概念なのです。みなさんは、日本語を完璧にマスターしているでしょうか？

たとえば、現在の僕が「漢字書き取りテスト」をやれば、おそらく高校生には負けてしまうでしょう。手書きの習慣がなくなって以来、漢字がめっきり書けなくなったからです。かといって、僕が日本語を習得していないかというと、それを疑う人はまずいないと思います。

＊05　Baker, 2011

言語の習得とは、「ここからは習得／ここまでは未習得」とはっきり線引きできるようなものではありません。

そう考えてみると、みなさんのバイリンガル像も、とてもぼんやりとしたイメージに留まっているのではないでしょうか？

たしかに無理やり環境を整えれば、バイリンガル〝的な〟能力を持った子を育てることは可能です。しかし、お子さん本人にも家族にもかなりの負担がかかりますし、その苦労が得られる利得に見合ったものかどうか、事前には何とも言えません。

バイリンガルやマルチリンガルは、意図的に目指すようなものではなく、さまざまな偶然が重なって〝たまたまそうなるもの〟でしかない――これが僕個人の考えです。

それよりも、**複数の言語運用能力と同時に、コアになる知力を一定レベルにまで磨くことのほうが、子どもの将来にとってははるかに大切**だと思います。

バイリンガルの娘を持つ父として感じること

わが家の2人の子どものうち、現在15歳の長女は、11歳までをアメリカで過ごし、僕がイェール大学を辞めたタイミングで日本に移住しました。英語ネイティブの友人たちとはもちろん英語で話しますし、家でも日本語40％、英語60％くらいを話すバイリンガルです。

英語の発音に関しては、僕よりもかなり自然ですから、いまだに「You always talk to me as if you were giving me a lecture!（お父さんの英語って、いつも講義しているみたいな話し方ね！）」などと笑われることも少なくありません。

彼女は口頭の意思疎通では日本語を使いますが、知的な作業は主に英語で行っているようです。本人が意識して日本語力を高めようとすれば、おそらく両言語を同じように操れるようになるのでしょうが、それはあくまで今後の努力の方向性次第です。親としては、その判断は本人の主体性に委ねようと思っています。

長女の語学力をうらやましがる人もいるのですが、実際はそれほど単純ではありません。言葉を身につけるというのは、その文化をも同時に身につけることです。長女を見ていると、2つの文化間のギャップに直面し、ストレスを抱くことも少なくないようです。

いずれにしろ、彼女が大人になれば、2つの言葉が操れることの恩恵を実感する日は、間違いなく訪れるでしょう。僕はそう確信しています。そうはいっても、彼女自身がバイリンガルになることを自ら望んだわけではありませんし、僕たち両親には知り得ない葛藤を味わっているのも事実なのです。

バイリンガルは、たまたま生まれ育った環境が外国だったり、本人や家族が努力したりと、さまざまな条件が重なってでき上がるものです。

そういう条件がないのであれば、**あくまでも「外国語として十分な水準の運用能力」を目指すのが自然なあり方**だと思います。

▼なぜバイリンガルは「知能が高い」のか？

以前は「バイリンガル環境で育つ子どもは、一定時期にわたって言語能力の発達が遅れる傾向がある」などという指摘もありましたが、むしろ、**バイリンガルの子はIQが高い**という報告がなされているのも事実です。

じつは、通常の外国語学習者についても、似たようなことが言えます。このメカニズムは、みなさんも大いに関心があると思いますので、ここで説明しておきましょう。

旧来の英語教育を受けた日本人が、英語を話せるようにならないのは、いわば**日本語用のOS（基本ソフト）を使いながら、英語用のアプリを走らせようとしている**からです。つまり、すでに脳内にある「私」「犬」「見る」といった情報に「I」「see」「dog」を対応させて記憶し、さらに英文を組み立てるときのルール（つまり文法）を知識として書き込んでいるわけです。

「え、それが普通じゃないの？」と思いましたか？　では、こういう学習しかしていない人が英語を話そうとすると、どんなことが起こるでしょうか？

たとえば、「私の犬を見ましたか？」と英語で言いたいときを考えてみましょう。

❶ まず「私の犬を見ましたか？」という日本語文を考える
❷ 日本語文に含まれる語彙を英単語に置き換える
❸ 英文法に基づいて語順や時制などを整理する
❹ でき上がった英文を声に出す

あえて複雑に書きましたが、これはつまるところ、**和文英訳のプロセス**です。旧来の学校英語や受験英語が鍛えているのは、和文英訳／英文和訳の能力でしかありません。

これには**異常に時間がかかる**ため、実際の会話では役に立ちません。また、日本語の知識に英語の知識を「対応」させているだけなので、時間とともに英単語や英文法の知識が抜けていけば、**学習成果はきれいさっぱり頭から消去されます**。

これこそが、「6年間も学んだのに何も英語を覚えていない日本人」の脳内で起きていることなのです。

「2言語翻訳」ではなく、「2つの脳の切り替え」

一方、SLAの理論が考える語学習得のプロセスは、**母語の脳とは別に「もう一つの脳回路」を最初からつくることを目指している**、と説明するとわかりやすいと思います。PCの知識がそれなりにある人には、「ハードディスク内に別の仮想ドライブを構築するようなもの」と言ったほうがイメージしやすいかもしれません。

その場合、「dog」という単語は、「犬」を表す英単語として日本語脳のなかに格納されるのではなく、別の脳回路に「dog」のまま収納されます。そこに結びつけられるのは、「dog」という音や、かわいらしい四肢動物の映像イメージ、これに付随する別の英単語です。

そして、英語を使いこなせる人は、頭の活動を英語脳に〝切り替えて〟います。**「英語の頭」のまま英語を聞き、「英語の頭」のまま考えて、「英語の頭」のまま発話をしています**。日本語脳の引き出しを開けて、いちいち翻訳をしたりはしていません。

言語習得のイメージ

従来の受験・学校英語　　　SLAに基づいた学習

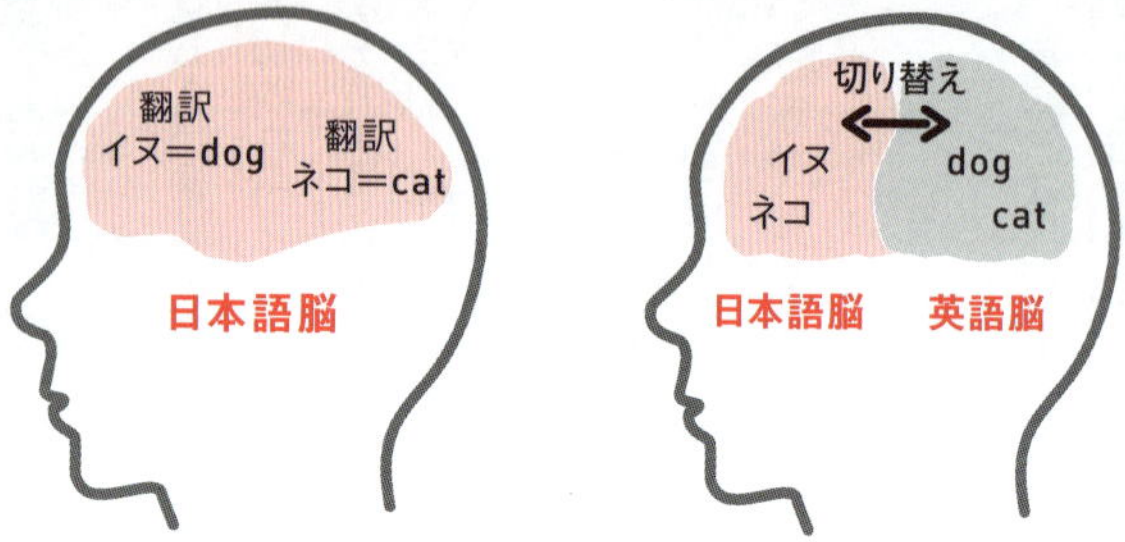

日本語脳に英語の知識を
対応させ「和文英訳」を行う

2つの言語脳を構築し、
シーンに応じて「スイッチ」させる

英語脳だけですべてが完結しており、「翻訳」のプロセスがないので、**母語と同程度のすばやいレスポンスが可能**なのです。

2つの脳のスペックがかなり近いのがバイリンガル、母語の脳のほうが大きいのが第二言語として習得した人——両者の違いはそんなふうにとらえられます。

ただし厳密には、実際の外国語の習得過程では、母語からの影響が皆無というわけではなく、両者の使い分けは徐々に進んでいきます。また心理言語学の分野では、バイリンガルはいつもどちらの言語を使うかを選択している[*06]とか、彼らの言語プロセスには両言語の想起が関係するという指摘[*07]もあります。

＊06　Bialystok, 2009
＊07　Kormos, 2006

そのため、「頭のなかに共存する2つの脳を自在にスイッチする」というのは、あくまでも言語習得を適切にイメージするためのモデルにすぎないという点はご注意ください。

ただ、**同じエクササイズをするにしても、このようなイメージがあるかないかによって、学習に感じる負担は大きく変わってくる**と思います。

▼「同時通訳者」のマネでは、英語力は伸びない

バイリンガルとか英語ペラペラと聞くと、**同時通訳者**のことを思い浮かべる人も多いようですが、これは一般的な第二言語習得とはまったくの別物です。彼らは英語を英語として聞き、それをものすごいスピードで日本語脳に〝移し替える〟作業をしています。

2つの脳を高速でスイッチングすることには、膨大なエネルギーが必要ですから、国際会議などで活躍するプロの同時通訳者でも、一定時間ごとに交替しながら2人以上で担当するのが普通です。

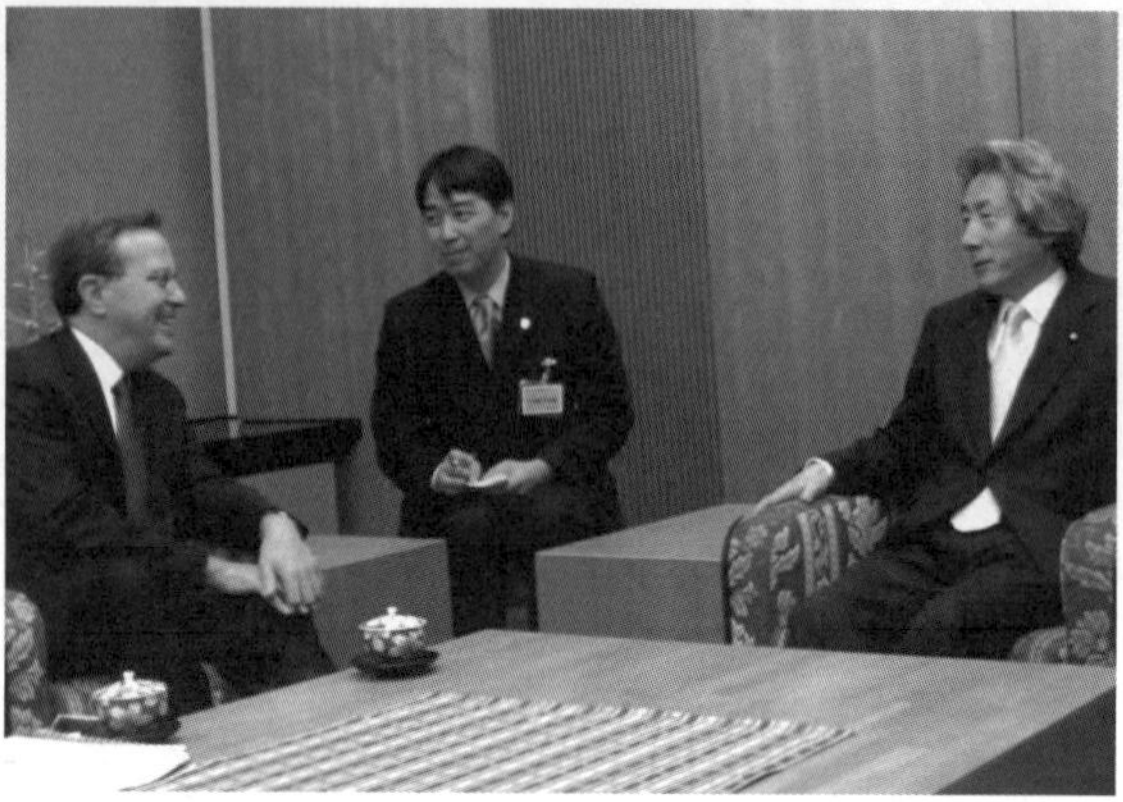

イェール大学総長のリチャード・レヴィン（当時・左）と小泉純一郎首相（当時・右）の通訳を務める筆者（中央）。首相官邸にて。

僕も研究者時代には、政治学の専門書の翻訳をやったり、日本の学者や政治家の通訳係を務めたりしました。

その経験から言えば、**これらは英語コミュニケーションと密接な関係は持つものの、やはり別個の独自技能**です。通訳や翻訳家として習熟するためには、まったく別のトレーニングが必要になります。

そうでなければ、どちらかの脳を片方ずつ使うスタイルで十分です。使わない単語は忘れていくでしょうが、**ひとたび英語脳をつくってしまえば、しばらく英語を話さなくても、学んだ成果がゼロに戻ってしまうことはまずありません。**

「英語を学んで、国語の点数が上がる」のメカニズム

では、日本語脳と英語脳は完全に独立で無関係なままなのでしょうか？

そんなことはありません。**2種類の言語脳が構築されると、2つの脳を見わたす〝第3の脳〟の使い方がはじまります。**

僕たちがふだん日本語を使う際には、文法のルールや発音などを気にすることはありませんし、たとえそのルールを説明できなくても日本語には不自由しません。力学上の解説ができなくても、補助輪なしで自転車に乗れるのと同じです。このような知のあり方を**暗示的知識（Implicit Knowledge）**といいます。

一方、適切なメソッドで外国語を習得した子どもたちは、2つの言語を俯瞰《ふかん》するなかで、両者の構文ルール・語彙・発音・文字体系の共通点や違いに自覚的になります。

その結果、母語である日本語についても概念的な理解が進みます。「自分たちがどういうルールに基づいて言葉のやりとりをしていたのか」についても、**明示的知識（Explicit Knowledge）**を得る機会が生まれるのです。

このように、使用言語を客観的に分析する能力を、言語学の世界では**メタ言語意識（Metalinguistic Awareness）**と呼んでいます。外国語を学ぶプロセスがメタ言語意識を高めることを指摘する研究はありますし、これは**分析的な思考能力にも通じるため、学問での成功にもつながりやすい**という報告もあります[*08]。

本書冒頭に書いた「生徒に英語を教えると、まず『国語』の成績が上がる」という話を覚えていますか？　以上を踏まえると、**英語を正しく学ぶことで、生徒たちの母語、つまり「国語」にも波及効果が現れるのは、まったくもって理にかなったこと**なのです。

実際、外国語をしっかりと学び、もう一つの言語脳をつくった人ほど、日本語のことをよく理解していたりします。「英語の前に日本語が大切だ！」という意見はごもっともだと思いますが、それを主張する人に限って、英語すらまともに操れなかったりします。

＊08　Bialystok, 2001

果たして日本語しか知らない人が、どこまで日本語の独自性を深く知ることができるでしょうか? ほかの言語を知ってはじめて、日本語の「美しさ」や「奥ゆかしさ」にも気づけるという面は無視できないように思います。

英語学習が「論理力アップ」の最短ルート

言語の習得そのものは、きわめて身体的・直感的な要素（暗示的知識）を含んでいます。プロ野球選手は「バットのここに当てて、レフトに打ち返そう」などと考えたりはしていませんし、一流のピアノ曲奏者は「この順序で指を動かそう」と思う間もなく指も動かしています。**言葉を操る能力は、スポーツや音楽の技能に近い側面がある**のです。

ただし、**外国語の学習成果は「母語理解の深まり」としてフィードバックされる**点が決定的に違います。英語を学ぶことを通じて、これまで気づかなかった日本語のルールに気づき、文章や事象をよりロジカルに把握する力が身につきます。無論、インプットだけでなく、書いたり話したりのアウトプットにも好循環がもたらされます。

これこそが「英語で頭がよくなるメカニズム」です。

適切な外国語学習は、母語が持つ暗黙のロジックを発見する体験と表裏一体です。ですから、論理的な思考力を高めたければ、まず外国語を学ぶことです。ここで鍛えられた知力は、「学校のお勉強」の枠を超えて、一生涯にわたって役に立ちます。

仮説を立てて学問上の探究を進めるとき、ビジネス上の課題を解決するとき、生活上の諸問題に向き合うとき……**あらゆる局面で強い味方となってくれるのは、言葉を正しく使って論理的に考え、的確な言葉で表現する力**です。

この力こそが、非ネイティブの子どもが英語を学ぶ「最大のメリット」です。もしそうだとすれば、多大なコストを支払ってまで、あえて子どもをバイリンガルに育てる必要はないと思いませんか?

誤解5
私は手遅れ。とにかく子どもの英語力を！

真実
子どもは親の「学ぶ姿勢」を見ている

親の英語力も「子ども英語」で伸びる

PART1でお伝えしたかったことは、大方お伝えしてきました。あとはPART2の内容をどこまで実践していただけるか、それだけです。その際のモティベーション材料としていただけるよう、よくある誤解をもう一つだけ取り上げておきます。

何度も言うように、人間が言語を習得するための最良の方法は、ある程度は「答え」が出ています。本書の方法は子ども向けにアレンジされてはいますが、ベースにあるのはSLA研究で最大公約数的に確からしいとされる原理・原則です。

ただ、言語の学習には個人差が大きいため、モティベーションの維持や環境づくりも含め、**保護者が役割を果たす場面**が数多くあるのも事実です。

にもかかわらず、塾にいらっしゃる保護者のなかには、「子どもには英語をマスターしてほしいんですが、私はまったく英語がダメで……」とおっしゃる方がかなりいます。もっとはっきりと、「**私はもう手遅れですから……**」とお話しされるお母さんもいます。

塾に任せてくださるのはとてもありがたいのですが、要するにご自身は「英語を学ぶこと」を完全にあきらめているわけですから、僕は内心ちょっと残念な気持ちになります。

英語学習に手遅れはありません。**「学びたい」と思ったときが、英語をはじめる最高のタイミング**です。お母さん・お父さんだって、いまから英語をはじめてもいいのです。

そうはいっても、忙しい毎日のなかで、新しく何かをはじめるのはとても大変でしょう。そんな人にとって、これから英語を学ぶお子さんの存在は貴重です。**彼らは、みなさん自身が英語をもう一度やり直すための「絶好のチャンス」を与えてくれる**からです。

机に向かって一人で「お勉強」をするのはなかなか大変ですが、「親子の時間」のなかに英語の学びを組み込めば、気軽にはじめられるはずです。

「教え役」ではなく「学友」になろう

とはいえ、決して親が英語を〝教える〟必要はありません。古い教育の常識を持ち出して、頭ごなしに間違いを指摘するのは絶対にやめましょう。ともに英語を学ぶ**仲間**として、子どもと「併走」していただければそれで十分です。

とくに未就学児〜小学校くらいのお子さんであれば、親子でフォニックスの練習をしてみたり、英語のアニメを見てみたり、歌を歌ってみたり、絵本の読み聞かせをしたり、ちょっとしたゲームをしてみたり……一緒にできることはたくさんあります。

息子が幼稚園に通っていたころ、僕ら親子はいつもこんな遊びをしていました。

Hey Dad, I spy with my little eye, something that begins with B!
（ねえお父さん、〝B〟ではじまるものを見つけたよ。なーんだ？）

イニシャルだけをヒントに出して、出題者が「こっそり見ているもの」を当てるゲームです。いつもは僕が出題者だったのですが、いつのまにか息子は「spy with one's little eye（こっそり盗み見る）」という言い回しをマスターして、僕に出題してきました。

（僕）　Hmmm, is it a bird?（bird かな？）
（息子）　No, it's NOT a bird. Can't you see it?（ブー、違うよ。わかんないの？）

僕が答えを言い当てられずにいると、息子は大きな木を指差して「It's a bottle! There's a bottle on that tree.（bottle だよ。あの木の上にボトルがあるでしょ？）」と言いました。その先を見るとたしかに、誰かが放り投げたのか、木の枝にペットボトルが引っかかっています。子どもは普段から大人が見ていないところをじつによく見ていますよね。

子どもが思春期に入れば、親子のコミュニケーションは一筋縄ではいかなくなるかもしれませんし、過度に勉強に介入することもおすすめしません。子どもの成長につれて、親御さんが果たす役割は**環境の整備**へとシフトしていきますが、それまではぜひ**「学友」として併走すること**を意識していただければと思います。

子どもは「親の学ぶ姿勢」を見ている

事実、**子どもはお母さん・お父さんが真剣に何かを学ぶ姿をよーく見ています。**「真面目にやりなさい」「もっとがんばりなさい」と何度も口うるさく言われるよりも、親自身が学ぶ姿勢を見せるほうがはるかに効果的だったりします。

子どもの立場になって想像してみてください。「もう手遅れだから」を言い訳にして、自分は学ぶことを完全に放棄し、一方的に勉強を押しつけられたら、子どもだっていい気分はしないでしょう。「一緒にがんばってみようかな」と言ってくれる親の存在は、何ものにも代えがたいと思います。

SLAの世界では、語学習得のモティベーションを維持しながら、効率的に学習を進めていくための方策、すなわち、**学習ストラテジー（Learning Strategy）**についての研究があります。その一つとして言われるのが、**社会ストラテジー（Social Strategy）**です。一人で孤独に勉強するのではなく、**社会的なつながりのなかで一緒に学ぶ人がいたほうが、語学習得は成功しやすい**という知見です。[*09]

* 09　Oxford, 1990

これは子どものためばかりではありません。自分一人のこととなると、つい「今日は面倒臭いなあ、勉強はいいか」「仕事で疲れて眠たいし、ちょっと手を抜いちゃおうかな」となってしまいますが、子どもと一緒ならがんばれるというお母さん・お父さんは多いはずです。語学は**継続**が肝心です。子どもが**うまく勉強を続けられるよう、最適な「戦略」を立てていただければと思います**。

また、もしまだお子さんが小さくて、これから親子で一緒に英語をはじめるのだとすれば、彼らが中学生や高校生になるころには、きっとみなさんの英語力を追い抜いていることでしょう。**そのときにはぜひ、お子さんを思いっきり褒めてあげてください**。一緒に英語を切磋琢磨してきた仲間でありライバルでもあるお母さん・お父さんに認められれば、最高にうれしいはずです。その達成感は、英語を学ぶこと、そして、英語を通じて知性を磨くことへのさらなる原動力になってくれるでしょう。

さて、お疲れさまでした。PART1は以上です。

いよいよPART2では、アクティビティや教材をたっぷりとご紹介していきます。

Part 2

実践編

Chapter5

「英語が大好きな子」を育てる最高の環境づくり

Chapter6

「英語に自信がある子」になる最高の生活習慣

Chapter7

「英語で考える力」が身につく最高のサポート

▼結局、「何から」「どの順番」がベスト？

英語には年齢ごとに適切な学習法があります。

これは**ＳＬＡ（第二言語習得）**の研究でも最大公約数的にわかっていることであり、家庭で子どもと英語を学んでいく際にも、お子さんの発達段階に合わせて、やり方を調整していくことは欠かせません。

年齢に応じた英語学習を考えるときに思い出していただきたいのが、**読む・聞く・話す・書くの４技能**です。

本書の学習法は、英語で「読む力」「聞く力」「話す力」「書く力」を高めることで、知性を磨き上げることを目指していますが、**これらの４技能を〝同時に・等しく〟鍛えていけばいいかというと、そういうわけではありません。**

「４技能のうちどれに重きを置くべきか？」「どれとセットで鍛えるのが効率的なのか？」は、子どもの発達段階によって微妙に変化していくからです。

ではどうすればいいのかを整理したのが、次ページの**子ども英語ロードマップ**です。

PART2はこのマップに沿ってお話を進めていきます。

▼「小3で英検準2級」だって夢じゃない

これを見たときのお母さん・お父さんには、だいたい2とおりのリアクションが考えられます。

❶「うわっ、うちの子は遅れているかも……」（焦りパターン）
❷「あらら、うちの子はもう手遅れだな……」（あきらめパターン）

まず一般的なのが、「このロードマップと比べると、うちの子はずいぶんと遅れているな……」と心配される方です。たとえば、目安6〜8歳の「英検」の欄には「5級」と記載があります。

4	5	6	7	8
6−8歳	8−10歳	10−12歳	12−15歳	15−18歳
学ぶための基礎を身につける時期	自分と他者の違いに気がつく時期	個々に興味対象のベクトルが分かれる時期	言語能力が完成する時期	やりたいことが見つかりはじめる時期（自己の完成）
A0	A1	A2	B1	B2
	TOEFL Primary Step 1	TOEFL Primary Step 2	TOEFL Junior	TOEFL iBT
5級	4級	3級	準2級・2級・準1級	準1級・1級
文字ごとの音を理解する力	自分のことを伝える力	問いかけを発する力	基礎的な英文法の力	アカデミックな内容を理解し、自分の意見を表現する力
Balanced Literacy Approach	Content Based Approach		Grammar Based Approach	Content and Language Integrated Learning (CLIL)
文字と音の関係性を理解し、音素分析ができるようにする	興味のある映像コンテンツを英語で楽しむ	プリ・ティーン対象のドラマなどを英語で視聴する	教育的な映像コンテンツを英語で視聴する	アカデミックな映像コンテンツやニュースを英語で視聴する
フォニックス知識に基づく音素分析によって、未知の単語・文でも音読できるようにする	フォニックス知識によるリーディングを通じて、アカデミックな単語を習得する	アカデミック記事を読むことで、英語で「なぜそうなるのか?」を考える機会を与える	母語での理解力も使いながら、多様な文章を読解する機会を与える	読みたい作品を自分で選び、英語で理解できるようにする
ストーリー作品の多読	サイエンス教材ベースのアカデミック記事		詩・伝記・短編・神話など	文学・興味のある分野
書写や空所補充を通じて、品詞の役割や文の成り立ちについて理解する	並べ替え問題などを通じて、「I」ではじまる文や平叙文をフルセンテンスで書けるようにする	文法知識に基づいた疑問文をつくれるようにする。テキストや自分の関心事について短文を書けるようにする	母語に基づき英文法（センター試験レベル）の知識を完成させ、パラグラフライティングを学ぶ	アカデミックなライティングの基礎力を完成させる
自分で読んだ英語の物語に関して、大人と話をする	質問を理解し、単語で受け答えができるようにする。自分が好きなもの・ほしいものについて話せるようにする	質問を理解し、文で受け答えができるようにする。自分が聞きたいことを質問できるようにする	自分や知人の紹介ができるようにする。アカデミックな事柄について、自分なりの意見を言えるようにする	自分の好みや経験を発信できるようにする。アカデミックな事柄について、双方向的な議論ができるようにする
		必要（日本語の説明で細部を理解し納得する）		不要になる

子ども英語ロードマップ

STAGE		1	2	3
成長	年齢	3−4歳	4−5歳	5−6歳
成長	特徴	言葉で自分を表現できるようになる時期	身体能力が伸びる時期	文字に興味を持つ時期
語学試験	CEFR			
語学試験	TOEFL			
語学試験	英検			
目的・手段	身につける力	英語が楽しいと感じる力	言葉に音があるとわかる力	シンボルとしての文字を理解する力
目的・手段	アプローチ	Activity Based Approach	Phonemic Awareness	Literacy Based Approach
LISTENING（聴く）		英語の音に触れて親しむ	アルファベットそれぞれの音を聞き分けられるようにする	アルファベットの文字と音の対応関係を認識する
READING（読む）				大文字・小文字の認識。文字は単語をつくり、単語は文をつくることを理解する
READING（読む）				フォニックスベースの
WRITING（書く）			文字に対する興味を持ち、運指練習によりモータースキルを高める	書写を通じて、大文字・小文字を含めたアルファベットを書けるようにする
SPEAKING（話す）		音をまねをして英単語を発声する	それぞれの文字の音を正しく発音できるようにする	読み聞かせした英語の物語に関して、大人と話をする
母語での理解		不要（英語を英語のままで理解する）		

「まだ日本語の読み書きすらおぼつかなくて、試験らしい試験も受けたことがないのに、『英検5級』なんて……うちの子にはぜったい無理！」

決してそんなふうに悲観しないでください。お子さんに合った方法で正しく学べば、小学校低学年で英検5級（中学初級程度）に合格することは十分可能です。JPREPキッズの生徒では、小学校3年生で準2級を取得した子も複数います（とはいえ、英検受験を強くおすすめしているわけではありませんのであしからず！　語学検定については256ページ以降で詳述します）。

▼わが子の「技能特性」を知っていますか？

4技能のそれぞれがどう発達していくかは、子どもによってまちまちだということも理解しておいてください。

たとえば、「耳のよさ」はフォニックスの習得スピードを左右しますから、ピアノ教室で音楽的な感性を磨いてきた子などは、発音の上達が早い傾向が見られます。

「文字」でじっくり学ぶのが得意な子、ピクチャーディクショナリーを「映像記憶」で吸収できる子、「好きなこと」が突破口になる子などなど、じつにさまざまです。

子どもによって能力特性がある以上、どうしても苦手なジャンルもあります。4技能が同じスピードで伸びていくとは限りません。お子さんの特性を踏まえながら、やさしく見守る態度が不可欠です。

ロードマップどおりに進捗していないからと焦る必要はありません。

年齢はあくまでも「目安」として考えてください。

逆に言えば、子どもが得意なことについては、年齢目安を無視して、どんどん先に進ませていいということです。

一元管理型の教室指導では、このような前倒しは難しいかもしれません。「教えていない文法が含まれている教材」は与えられませんし、みんなが理解するまでは次の単元に進まないのが大原則。生徒の数が多かったり、予算が限られたりしていれば、先生方がいくら工夫しても限界があります。

進捗スピードを自由に調整できる点は、家庭での英語学習の大きな強みなのです。

途中からでもキャッチアップは簡単

ロードマップに対するもう一つの反応が、「うちの子はもう手遅れだな……」とあきらめてしまうパターンです。たしかにマップは3歳からスタートしていますから、たとえば中学校に通う14歳の子のお母さんはガックリくるかもしれません。

しかし、あきらめる必要はないのです。臨界期神話（108ページ）のところでもお伝えしたとおり、**英語学習に手遅れのタイミングはありません**。「小学校高学年からだと遅いかしら？」「高校生だとさすがにダメよね……」などのご心配は無用です。

子どもの英語学習は何歳からでもキャッチアップ可能です（もちろん、大人もです）。年齢が上がれば論理的な思考力が発達していきますから、小さな子が何年もかけて呑み込むことを、より短期間で理解することも可能です。そのショートカット方法にも触れていますので、どうかご安心ください。

万人向け原理を「ウチの子専用」に最適化する

どんな科学・学問も、競合する仮説のなかから妥当性の低いものを排除し、一般的に成り立つ法則性を検出することに力を注いでいます。

これはSLA研究も例外ではありません。つまり、言語習得の科学でわかるのは、**誰にでも共通する基本原理**でしかありません[*01]。

裏を返せば、SLAの原理を個人レベルで実践に移そうとする際には、必ず工夫が必要だということです。

教室空間で生身の子どもたちを教えている僕たちも、やはり反応を見ながらやり方を調整する余裕がないと、上手な指導はできません。子どもたちに自ら学ぶ姿勢を持たせるためには、一人ひとりの個性や関心を汲み取り、それを指導へと落とし込むための、職人芸的な創意工夫が求められるのです。

＊01 Richards & Rogers, 2001; Celce-Murcia et al., 2015

そこで、前述の時期の調整と並んで重要になるのが、**学習コンテンツの調整**です。子どもの学習について言えば、次の2点がカギになります。

❶ お子さんの「レベル」にあったコンテンツか

❷ お子さんの「興味・関心」に沿ったコンテンツか

たとえば、SLA的には「音の大量のインプット」が不可欠とされていますが、**そのコンテンツがそもそも学習者に理解可能でなければ意味がない**とされています。ちんぷんかんぷんな内容をいくら大量に〝聞き流し〟してもダメなのです。

この**理解可能なインプット仮説（Comprehensible Input Hypothesis）**はSLA理論の源流となる考え方でもあります。[*02]

また逆に、学齢が進んだ子に対して、いつまでも幼児向け教材を与えるのも適当ではありません。子どもにとってあまりに易しすぎたり、**興味・関心**が持てなかったりする英文では、モティベーション維持にもマイナス効果です。[*03]

＊02　Krashen, 1982
＊03　村野井, 2006

とはいえ、「難しすぎず、簡単すぎず」のラインを見極めながら親御さんが自らベストな教材をゼロベースで選ぶのは、なかなかハードルが高いと思います。

その際の参考にしていただけるよう、教材・書籍・WEBサイト・DVD・アプリケーションなど、各学習フェーズに応じたおすすめコンテンツを多数掲載しておきました。

ぜひ最適な学習コンテンツを選んでいただき、**「万人にとってベストな学習法」を「あなたのお子さんにとってベストな学習法」へとバージョンアップしてください。**

Chapter5

「英語が大好きな子」を育てる最高の環境づくり

▼つい「英語のお勉強をしよう」と言っていませんか？

さて、いよいよここからは具体的なメソッドです。まずこの初期フェーズで大切なのは、お子さんが英語に親しみを持ち、ごく自然に英語の世界に入っていけるように準備をすることです。

とくに3〜6歳くらいの子にとっては、**「遊び」こそが最大の学びの場。**「英語嫌い」にさせないように配慮し、「英語は楽しい！」というイメージ、「ぼく／わたしは英語ができるんだ！」という**自信**をつくっていくようにしましょう。

子どもに英語好きになってもらいたいときに、大切にするといいことは3つあります。

❶「勉強」と言わない／思わせない
❷いちいち日本語に言い換えない
❸「音と映像」をメインにする

まず、英語を**遊び**として位置づけること。

親の世代からすると、これが意外といちばん難しいのかもしれません。うっかり「じゃあ今日も、英語の〝お勉強〟をやろっか？」などと言ってしまっていませんか？「英語＝教科科目」という親の潜在的な思い込みが、子どもに伝染しないように気をつけましょう。

また、**子どもが間違えても、「正解／不正解」のフレームで判断しない**こと。うまくできたときは褒めるというより、単純に「すごい！」と驚いてみせると、子どもはとても喜びます。

▼「appleはリンゴ」と教えると、何がマズいのか？

気をつけてほしいことの2つめが、**説明のために日本語をいちいち口に出さない**ということです。

「『おはよう』はグッドモーニング、『こんにちは』はハローだよ」という教え方は、まさに和文英訳に縛られた学校英語スタイルそのものです。もちろん、「dog はイヌ、cat はネコだよ」という説明で十分なケースもありますが、原則としては「英語を英語のまま理解させる」ことを意識しましょう。

その結果、「ママ、『キリン』と『giraffe』って一緒かなあ?」と**子どもが〝自分で気づく〟のが理想**です。この発見プロセスによって、子どもの地頭はどんどんよくなっていくからです。

そして最後が、「**音と映像**」。勉強イメージがある親御さんほど、子どもと英語をはじめようとなると、文字の書かれた本やテキストを買い込みがち。

すでに見たとおり、第二言語習得においては「文字からではなく音から」「部品（文法・単語）からではなく、状況（映像・絵）から」が原則です。

Stage 1

英語で「遊んで」好きになる
——Activity Based Approach

AGE 3–4

「好き」ベースの学習は「3歳から」がベスト

2歳くらいになると、子どもは言葉を話しはじめます。早い子だと1歳のころから言葉を覚える子もいますし、まだ話せないにしても、大人たちの会話を聞いていて、何を言っているのかは意外とよくわかっている、なんていうこともありますね。

その時期が終わると、だんだんと単語を覚えはじめ、母親を見れば「ママ」、お腹が空けば「まんま」、自動車は「ブーブー」というように、目で見たものの名前を口に出すようになります。

「どうせ英語を習わせるのなら、**日本語を覚えはじめるタイミングで、英語も一緒に覚えさせるのはダメなんですか？**」

そんな疑問を持つ方もいるかもしれません。現に、わが子を乳幼児向けの英語クラスに通わせている方もいるでしょう。それどころか最近では、妊娠中に英語を聞かせる胎教英語もあるらしく、早期教育の流れはどんどん加速しています。

妊娠中や0〜2歳の段階での語学教育については、ここで是非を論じるつもりはありません。ただし僕には、そこまでの早期教育が必要だと断言する自信はありません。

一方で、「子ども英語ロードマップ」が「3歳」からスタートしているのには、それなりの理由があります。ちょうどこれくらいの時期から、子どもにも少しずつ**好き嫌い**が芽生えてくるからです。

ものごころがつくのは、3歳よりももう少しあとでしょうが、この段階で子どもはかなりはっきりと好みを言うようになります。電車のことで頭のなかがいっぱいな子、動物に興味を持つ子、身体を動かすのが大好きな子、ままごとが上手な子……というように、子どもごとの興味・関心がおぼろげながらも見えてくるのです。

繰り返しになりますが、ここでいちばん大切なのは、英語が「好き」「楽しい」という感覚を持ってもらうこと。そのため、**「英語が好き」のとっかかりになるものが形成されてからのほうが、取り組みの効果は出やすくなります。**それを考えると、2歳は少し早すぎるかなというのが僕の実感です。

▼何かに「のめり込む力」は一生モノの財産

子どものお気に入りがはっきりしていれば、それと英語を掛け合わせて学ぶこともできます。「きかんしゃトーマス」が大好きであれば、DVDの音声をときどき英語に切り替えてみてもいいでしょう。生き物が好きな子には、動物や昆虫が出てくる英語の本を読み聞かせるなどもおすすめです。

子どもの「好き」には無限のパワーがあります。誰に強制されるでもなく、びっくりするような集中力でテレビ画面を眺めていたり、絵本を丸暗記したりということがよくありますよね？

とにかくこの時期は「好き」を起点にすることを意識してみてください。

何かにのめり込む力は一生モノの宝です。「好き」をとことん追求させることを優先し、英語はそのおまけ程度に考えればいいと思います。

HINT 1
TPRで「身体ごと」馴染もう

とにかくこの時期は「英語をお勉強しないこと」が大切なのですが、その中心となるのは、**アクティビティに基づくアプローチ（Activity Based Approach）**の考え方です。これは要するに、子ども自身が自ら参加できるアクティビティを用意し、そのなかで英語を体得できるようにするということです。

TPR（Total Physical Response：全身反応教授法）は、アクティビティに基づくアプローチの一つです。これは1960年代にアメリカの心理学者であるジェームス・アッシャーによって提唱された古典的な指導法であり、[*01] JPREPキッズはもちろん、多くの児童向け英語教室でもすでに取り入れられています。

やり方は至ってシンプル。**英語で指示されたことに対して、子どもが動作で反応することを繰り返すだけ**です。

この方法には3つの利点があります。

❶ 基本的な動作を表す「動詞」を記憶に定着させられる
❷ 友達や兄弟など「集団」でやると、ワイワイと盛り上がれる
❸ 「ゲーム性」があるので、落ち着きがない子でも続けやすい

あくまで一例ですが、ご自宅や公園でこんな遊びができるかもしれません。指示をするときは、動作のお手本をやってみせたり、ジェスチャーを加えるといいでしょう。

＊01　Asher, 1966

◆**こんな指示がおすすめ**

・Stand up.　「立って（両手を持ち上げながら）」
・Walk.　「歩いて（自分も歩きながら）」
・Walk slowly.　「ゆっくり歩いて（ゆっくり歩くしぐさ）」
・Stop.　「とまって（左右の手のひらを差し出す）」
・Run.　「走って（腕を振って走るしぐさ）」
・Run fast.　「速く走って（腕を速く振って走るしぐさ）」
・Run faster.　「もっと速く走って（腕の振りをもっと速く）」
・Let's sit down.　「座りましょう（座る。落ち着かせたいときはゆっくりと）」

音楽を使うとより効果的です。「**音楽を流す→音楽をいきなりとめる→（指示）→音楽を流す**」とすると、音楽が鳴りやんだ瞬間に子どもは指示に耳を傾けやすくなります。このやり方はアメリカの幼稚園などでも**Stop and Go!**という名で親しまれているアクティビティの一種です。

慣れるまでは、大人が「Sit down!」と言って、自ら座る動作をやってみせるようにします。そのあと、子どもにも同じ動作をさせることで、「（あ、『Sit down!』は『座る』ってことか……）」と悟らせるようにします。

日本語で説明し直す必要はありません。**英語を英語のままなんとなく理解することが大切**なのです。また、大人が指示するだけでなく、子どもにも指示させてみるのもおすすめです。

HINT 2

英語で「声かけ」してみよう

語学は最終的には「触れる時間」がものを言いますから、未就学児であれば親子の時間を活用しない手はありません。「英語のお勉強の時間」を特別に区切るのではなく、**日々の何気ないシーンのなかに英語を取り入れる**ようにしましょう。まさに活動（アクティビティ）に基づいたアプローチです。

いちばんシンプルなのは「Good morning. / Good night. / Thank you!」など、親子間のあいさつです。そのほかにも、こんな声かけを英語でやってみるのもいいでしょう。

◆ **褒めるときの声かけ**

・Great job!　（すごいね！）

・I am proud of you.　（立派だね）

・I can tell you have tried hard.　（がんばったね）

・You found a good way to do it.　（いいやり方を見つけたね）

◆ **考えさせる声かけ（youを強調して言ってみましょう）**

・Look! What is that?　（見て！　あれ何？）

・What do you think?　（どう思う？）

・What do you like?　（何が好き？）

・How many are there? Let's count.　（いくつある？　数えてみよう）

◆ **ジングル（短い歌）を使った声かけ（どんなメロディでもOK）**

♪ Clean up, clean up! Everybody everywhere!（みんなでどこでもお片づけ！）

♪ See you later alligator! After while crocodile!（さよなら三角、また来て四角）

♪ If you are happy and you know it [clap your hands]※!（幸せなら手をたたこう）

※［　］内をたとえば「go to bed（寝ましょう）」「let's sit down（座りましょう）」のように、子どもにやってほしいことに変えてみるのもおすすめです。

ほかにも、料理や掃除のお手伝いをしてもらうときに、ちょっと英語を織り交ぜるだけでも、英語への関心は高まります。くどいようですが、このときも日本語で意味を説明する必要はありません。

僕もかつて、言葉を覚えはじめたばかりの長男と外出した際は、「What's that?」とよく尋ねるようにしていました。息子は「It's a tree!」「Train!」などと楽しそうに答えていましたし、単語を知らないときは「It's a cucumber. Cu-cum-ber!」と僕が教えていました。

日本語でも「これな～んだ？」と子どもに問いかけて遊ぶことがあると思います。本当に何気ないことですが、人間はこうして言葉を覚えていくわけですから、英語でも同じことをしてみましょう。

HINT 3

「親の声」で読み聞かせしよう

3歳くらいを過ぎると、子どもは**本の読み聞かせ**を喜ぶようになります。この時期だと、ストーリーの面白さよりは、絵の親しみやすさや色彩の豊かさ、面白い音やフレーズの繰り返しなどが、子どもの心には響くようです。

幼少期の読み聞かせ経験が、子どもの将来的なリテラシーを左右することは、長年の専門研究でもかなりはっきりわかっています。とはいえ、焦りは禁物。日本語の絵本も英語の絵本も、とにかくたくさん読み聞かせして、**子どもの「これが好き」「あれが楽しい」という感覚を徹底的に育ててください**。むしろ、親も楽しみながら英語を復習するぐらいのつもりでいいと思います。

洋書絵本はオンライン書店であれば品揃えに困ることはありませんが、**大きな書店の洋書絵本コーナーに一緒に出かけて、子どもと一緒に選ぶとなおよいでしょう**。あるいは、公共図書館に「子ども向け洋書コーナー」が設置してあることもあります。

本を選ぶときは、親の意見を押しつけず、なるべく子どもの「好き」を優先します。最初はあまり英語にこだわらず、ビジュアル情報だけで楽しめるものにしたほうが、子どももスムーズに本の世界に入っていけます。

ただ、どうしてもキャラクターものなどに偏ってしまいそうなときは、**一冊はとにかく子どもが気に入ったもの、もう一冊は親子の意見があったもの**というように、うまくバランスを取るといいと思います。

絵本の読み聞かせは、親にとっても人生を振り返ったり、明日への勇気をもらったりするいい機会になります。僕が長女に絵本の読み聞かせをしていたのは、ちょうど衆議院選挙で落選を経験し、アメリカに戻ったころのことでした。当時は絵本を買い与えるお金もなかったので、地元の書店の児童書コーナーに親子で行き、サンプルとして並んでいた本を毎回2冊ずつ読むようにしていたこともあります。

いまとなっては、僕の拙い発音は長女に笑われることも多いのですが、高校生になった彼女は、英語が得意なのはもちろん、読書も大好きです。

Stage8
Stage7
Stage6
Stage5
Stage4
Stage3
Stage2
Stage
1

ですから、みなさんも「私の下手な発音を子どもに聞かせても大丈夫かな……」という心配はいりません。大切なのは、子どもは両親の声がいちばん安心するということ。**決して上手な英語でなくてもいいので、親御さんご自身で読んでみてください。**どうしても自信がないという人は、読み聞かせ音声ＣＤがついた絵本を購入する手もあります。

僕の個人的体験も踏まえつつ、この時期の子どもが喜ぶベーシックな絵本をいくつかご紹介しましょう。

Book

Chica Chica Boom Boom（Bill Martin Jr. & John Archambault / Beach Lane Books）

リズムに乗って読めて、アルファベットも覚えられる絵本です。作者であるビル・マーティン・ジュニアの出世作。「26種類あるアルファベット文字がヤシの木を登る」という面白いストーリーになっています。

Book

Brown Bear, Brown Bear, What Do You See?（Bill Martin Jr. & Eric Carle / Henry Holt Books）

本書を含め、エリック・カールの絵本はどれもおすすめです。じつは彼の絵本には一冊ごとに文法学習のテーマが隠されています（本書はＳＶＯ

C）。こちらはビル・マーティン・ジュニアとのコラボ作品で、音の響きや音韻を味わいながら、リズムに乗って読めるテキストが魅力です。「きらきら星」のメロディに合わせて「♪Brown Bear, Brown Bear, What Do You See?」と歌うのもおすすめです。「シロクマ」、「パンダ」、「子グマ」などの続編もあわせてお楽しみください。

Book

The Very Hungry Caterpillar（Eric Carle / Philomel Books）

エリック・カールの代表作。隠された文法テーマは「過去形」です。日曜日の朝に生まれた「はらぺこあおむし」が、やがてサナギになり、最後には美しいチョウへと変身するお話です。あおむしが食べた箇所には穴が開いている楽しい仕掛け絵本です。

Book

Go Away, Big Green Monster!（Ed Emberley / LB Kids）

緑色をした怪物の顔のパーツが、「Go away!（消えちゃえ）」というかけ声とともに一つずつ消えていきます。お子さんと一緒に「Go away!」と言いながら絵本を楽しみましょう。

Book

Green Eggs and Ham Book & CD（Dr. Seuss / Random House）

「緑の卵」なんてあるのだろうか、とタイトルを見ただけでワクワクしてくる作品です。ＣＤ付きのものはフォニックスの定着のために使ってもよいでしょう。登場する語彙が50種類に抑えてあり、英語の否定文・疑問文のパターンを自然に身につけるうえでも有益です。

Book

The Cat in the Hat Book & CD（Dr. Seuss / Random House）

アメリカで「The Cat（あのネコ）」と言えば、誰もがピンとくるほど有名な「帽子をかぶったネコ」の絵本です。ＣＤ付きのバージョンがおすすめです。僕も娘が小さいころには、この本の読み聞かせを何度もせがまれた記憶があります。使用語彙が２２５語に制限されており、子どもがリズムに乗って読めるように文章が工夫されています。

Book

Frog and Toad Are Friends Book & CD（Arnold Lobel / HarperCollins）

おなじみの「がまくんとかえるくん」の物語シリーズ。日本では『ふたりは『ともだち』というタイトルで刊行されています。フォニックス中級程度の表現でストーリーが書かれていますので、読み聞かせる側の発音練習にも最適です。

HINT 4 ゲームで英語にのめり込もう

「英語嫌いにさせずに、英語に自然と親しませる」ことを考えた場合、最もシンプルなのは、**子どもが喜ぶテレビ番組、アニメやゲームなどに英語を組み込む**ことです。英語を母語とする子どもたちも、家族や同級生からだけでなく、自分なりのお気に入りキャラクターなどを見つけ、そこから貪欲に言葉を吸収していきます。いろいろなコンテンツに触れさせながら、子どもの好みを探っていきましょう。

映像についてはDVDだけでなく、さまざまなサイトが用意している豊富な**動画コンテンツ**を活用しましょう。サイトによっては、クオリティの高いムービーを無料公開しているところもあります。

ポイントとしては、**子どもに見せっぱなしにしない**こと。ムービーはぜひ親子で一緒に視聴しましょう。見終えたら、登場人物のセリフをモノマネしてみたり、出てきた歌を一緒に歌ったりしてみてください。

また、タブレットやマウスなどの操作ができる子であれば、**ブラウザ上で動くゲーム**もおすすめです。これらのゲームは、子ども側にもアクションが必要なので、より深いレベルの学習効果が期待できます。

こうしたアクティビティに使えるサイトやＤＶＤをまとめてご紹介しましょう。

Web

SUPER WHY!（PBS KIDS）

http://pbskids.org/superwhy/

アメリカの非営利・公共放送ネットワーク「ＰＢＳ」のサイト。「おさるのジョージ」や「きかんしゃトーマス」の無料ゲームなども充実しています。

なお、「Videos」の動画については、残念ながらアメリカ国外からはアクセス制限がかかっており、日本では視聴できません。「SUPER WHY!」は「シンデレラ」「ジャックと豆の木」などの民話のなかで起こっている問題

を、4人組がワードパワー（フォニックス）を使って解決していくお話です。同シリーズのDVDや本も揃っていておすすめです。

Web Dinosaur Train（PBS KIDS）

http://pbskids.org/dinosaurtrain/

同じく「PBS KIDS」のコンテンツ。なぜかプテラノドン一家に生まれてしまったTレックスのバディが本当の自分を探すストーリーです。恐竜好きの子なら、すべての名前を英語で覚えてしまうはず。こちらも、DVD・本ともに充実しています。

Web Dora the Explorer（Nickelodeon）

http://www.nickjr.tv/dora-the-explorer/

キッズ向けエンターテインメント大手「ニコロデオン」が運営するサイト。「スポンジ・ボブ」などのコンテンツも充実しています。日本語サイトもあるので、英語に苦手意識があるお母さん・お父さんでも使いやすいと思います。

「Dora the Explorer」はヒスパニック系移民のための学習番組で、英語を母語としない子どものためにつくられていますので、英語学習のコンテンツとしては最適。映像が視聴できるほか、日本語版もあります。

DVD

Blue's Clues（Nickelodeon）

犬のブルーが伝える手がかり（clue）をもとに、ブルーがほしがっているものを当てるコンテンツです。「pillow／blanket／book」という手がかりから、「nap（昼寝）」を引き出すといったプロセスを通じて、さまざまな基本単語を着実に覚えることができます。絵本版も人気です。

Web

The Magic School Bus（Scholastic）

https://www.scholastic.com/magicschoolbus/

フリズル先生と子どもたちが、不思議なスクールバスに乗って、太陽系から人体のなかまで、いろいろなところで学ぶシリーズ。ＷＥＢではゲームなどが楽しめますが、絵本やＤＶＤも展開されています。

Web

SESAME STREET（Sesame Workshop）

http://www.sesamestreet.org/

言わずと知れた「セサミストリート」のWEBサイトです。「Videos」タブをクリックすると、保護者世代にとっては懐かしの動画が無料で視聴できます。そのほか、キャラクターと遊べる「Games」や画面上でお絵描きができる「Art」といったコンテンツが用意されています。

DVD

Harold and The Purple Crayon（Scholastic）

定番児童書のDVDシリーズです。描けば何でも本物になる大きな紫のクレヨンを持ったハロルドが、冒険に満ちた世界へ入っていく物語。想像力のすばらしさを教えてくれる作品です。本もおすすめです。

Stage 2

英語が「気になる耳」になる
——Phonemic Awareness

AGE 4–5

▼聴いてないようで、よーく聴いている

身体能力が大きく発達する時期です。走り方が安定してきたり、自転車に乗れたりする子が増えてきます。ボール遊びや体操などが得意になる子もいます。

こうした身体能力の高まりは「耳」についても言え、いろいろな音を聞き分ける力がついてきます。そのため、音楽教室によっては「4歳がはじめどき」などと言っているところもあるそうです。

音への敏感さが出てくると、親のちょっとしたひと言も細かく拾うようになります。何

気なく言ったことに対して、「なんで?」「どうして?」としつこく聞かれてうんざりした経験がある人も少なくないはずです。そのほか、一人でずっと歌ったり話したりしているような子も、**音への感受性が高まってきた証拠**でしょう。

英語学習においても、こうした発達段階に合った方法、具体的には**フォニックス**をはじめていくべきです。PART1でも触れたとおり、フォニックスとは26のアルファベットが持つ「代表的な音」を覚えていく練習です。

▼「口の動き」の映像がベター

とはいえ、ここでもお勉強モードは禁物。「すべての音を覚える」というよりは、**「英語というのは、どうやら日本語とは違った音を持っている言葉らしい」**と〝気づかせる〟くらいをゴールにしましょう。

言葉の一つ一つの音を自覚的に区別しはじめることを**音韻意識（Phonemic Awareness）**といいます。

文字はいきなり読めるようになるわけではありません。とくに英語は文字と音の対応関係が曖昧なので、ネイティブスピーカーの子どもでも習得に時間がかかります。ましてや、外国語として学ぶ非ネイティブであれば苦労するのは当然です。

ポイントは紙の本で学ぶのではなく、映像の教材を使うということ。音のお手本だけでなく、**「口元の映像」が入っているものが理想的**です。

赤ちゃんが言葉を学ぶときには、「耳で聞くお母さんの声」と「目で見るお母さんの口の動き」をセットで知覚しています。正しい音を出せるようになるには、正しい口の動かし方をマスターしておくことが望ましいのです。

ある研究によれば、子どもが言葉を身につけるときには、生身の人間を真似ながら習得していったほうが単位時間あたりの学習効率が高いそうですが、つねに保護者が子どもに寄り添い続けるわけにもいきませんし、子どもが退屈してしまっては元も子もありません。

リズムに合わせてアニメーションが楽しげに動くフォニックス教材などを効果的に用い

つつ、保護者も一緒に練習するようにしましょう。子どものリアクションを見ながらコンテンツを選ぶこともお忘れなく。

HINT 1
フォニックスを体験してみよう

ネイティブでも、子どもたちにフォニックスのトレーニングをさせる人は珍しくないので、市販のフォニックス教材は意外と充実しています。とはいえ、ご自身でフォニックスのトレーニングをしたことがない人は、いきなり子ども用の教材を買う前に、まずご自分で体験してみることをおすすめします。

たいていのフォニックス教材は、音楽やリズムに乗せながら「その文字の代表的な音＋その音を使った単語」を発音していくものが一般的です。お手本の音声に続き、学習者もその音をできるだけ再現するように発音します。**聞き流すだけではいけません。必ず聞こえた音を発声するようにしてください。**

（お手本）A, A, Apple!　（学習者）A, A, Apple!
（お手本）B, B, Ball!　（学習者）B, B, Ball!
（お手本）C, C, Cat!　（学習者）C, C, Cat!

聞こえた音をそのまま再現するのは、お子さんのほうがうまいかもしれません。リズムに乗りながら、親子で一緒にやってみましょう。

HINT 2

動画を見ながら、マネしてみよう

試しにYouTubeなどで「phonics」と検索してみてください。かなりの数のフォニックス動画がヒットするはずです。まずはこれらを使ってお子さんと練習してみてもいいでしょう。

たとえば、上位に表示される「Phonics Song」（KidsTV123）は、本書執筆時点で視聴回数が1・9億回、「Phonics Song 2」は4・9億回を記録しています。大流行した「PP

AP」(ピコ太郎)ですら1・2億回ですから、**世界中の親御さんがどれほど子どものフォニックスに関心を持っているかがよくわかる**と思います。

そのほかフォニックス用の教材をいくつかご紹介しましょう。気に入ったシリーズのものを使い、それに沿って進めていくことをおすすめします。

Book
Hooked on Phonics - Learn to Read (Hooked on Phonics)

アメリカで最も有名なフォニックス教材シリーズです。レベルは1~8まであり、それぞれにDVDと10冊程度の絵本がついています。ストーリーに出てくる単語があらかじめ紹介されており、「子どもが自分で読めるようにする」というコンセプトでつくられています。

フォニックス初心者の場合は「Pre-K Complete」(ネイティブの3~4歳向け)からスタートしてみましょう。このレベルが楽しめれば、そのまま「Kindergarten」、さらには「1st Grade」へと進んでください。

Book

Oxford Reading Tree - Floppy's Phonics（Oxford University Press）

こちらはイギリスの小学校で「国語」教科書として使われている定番コンテンツです。いくつかのシリーズがありますが、フォニックスが初めての方は「Floppy's Phonics」（6レベル）の「1＋」からはじめてみてください。なお、Oxford Reading Tree について詳しく知りたい方は『イギリスの小学校教科書で始める 親子で英語絵本リーディング』（古川昭夫・宮下いづみ／小学館）も参考にしてください。

Book

Jolly Phonics（Jolly Learning Ltd.）

綴りにはこだわらず、50の音から学ぶ「シンセティック・フォニックス」の教材シリーズ。文字の音それぞれにアクションをつけて覚えるのが特徴です。歌やワークブックなどさまざまなシリーズ教材がありますが、まずは音声付きのソングブック（Jolly Songs）からはじめましょう。より詳しく知りたい親御さんは、『はじめてのジョリーフォニックス——ティーチャーズブック』（ジョリーラーニング／東京書籍）も参照してください。

HINT 3

「英語が目に飛び込む部屋」をつくろう

「まず『音』から入って、文字と音とを結びつけていく手段」としてフォニックスをおすすめしてきました。実際、フォニックス動画のほとんどは、アルファベットや単語を併せて表示するものがほとんどです。

子どものなかには文字情報に敏感な子もいますから、いつのまにかそれらの文字を映像的に記憶していることがあります。「お母さん、おっきなPの看板があるよ」と言ったり、「あそこにCATって書いてあるね」と文字を読み上げたりして、親を驚かせることもあるかもしれません。

この段階では文字を通じた学びに力を入れる必要はありませんが、**フォニックスが少しずつ定着してきたら、徐々にアルファベットや単語に親しませていくのもいいでしょう。**

たとえば、室内にアルファベットや英単語の**ポスター**を貼るのも効果的です。トイレの壁に貼ってみてもいいですし、濡れても平気なお風呂用のポスターもあります。お風呂は声が響きますから、子どもも発音を楽しみやすくなります。

子どもの気に入るデザインのポスターがいちばんですが、できれば**カナルビのないものを選ぶようにしましょう**。せっかくフォニックスによって音が定着しかかっているので、カタカナ読みで子どもを混乱させないようにします。

なお、こうした英語教材は、オンライン書店やＥＣサイトを使えば、地方に住む方でも簡単に入手することができます。品揃えの豊富さという点では、次の英語教材の専門店が日本トップクラスです。東京・飯田橋の実店舗のほか、オンラインストアもあります。

Web

ネリーズ

http://www.nellies.jp

文字に慣れてくると、子どもは目に入った文字をなんとなく読み上げるようになります。**テプラなどを使って、身の回りのものに英単語のスペルを貼りつけてみましょう。**

ＪＰＲＥＰキッズの教室でも、たとえば水道の蛇口には「faucet」とシールが貼ってあります。やりすぎは禁物ですが、子どもが身の回りのものと英単語とを徐々に結びつけていく環境づくりも、お母さん・お父さんにできることの一つです。

HINT 4 モータースキルと組み合わせて相乗効果！

これくらいの時期には身体能力が伸びるという話をしましたが、なかでもクレヨンで丸を描いたり、ハサミで紙を切ったり、粘土で何かをつくったりなど、手先をうまく使う動作ができるようになってきます。

こうした**ファイン・モータースキル**（細かい運動技能）の発達と英語学習を絡めて、相乗効果を出すのも効果的です。クレヨンお絵描きのときに、「Red!」「Blue!」などと色の名前を口に出すのもいいでしょう。

そのほか、次のようなものもあります。

Web こども英語教材

https://www.kodomoeigokyozai.jp

ワークシートなどがダウンロードできるサイトです。「ワークシート」項目の「Motor Skill Activities」のなかには、鉛筆で線をなぞる練習をしながら、アルファベットにも馴染める教材が用意されています。

APP iTrace - handwriting for kids（iTrace Inc.）

https://itunes.apple.com/jp/app/id583678381

文字をなぞりながら手書き練習ができるアプリです。書き順などを間違えると赤くなり、やり直しをさせられます。お試し用の無料版もあります。

APP Writing Wizard for Kids（L'Escapadou）

https://itunes.apple.com/jp/app/id631446426

直線や曲線など、文字を書く以前のスキルから筆記体に至るまで、難易度を調整しながら練習できる手書きトレーニングアプリです。「A」の文字であればリンゴの絵が飛び交うなど、ビジュアル面にも魅力的な仕掛けがあります。

Book
Before I Write (Lauel L. Arndt / Random House)

「鉛筆は持てるけどまだ字は書けない」という子ども用の運筆の練習帳です。直線や曲線、円を描く練習からはじまり、最後はアルファベットで終わるようになっています。

Stage 3

英語にも「文字」があると気づく
——Literacy Based Approach

AGE 5-6

▼音に「文字」で輪郭を与えていく時期

小学校への入学を控えたこの時期になると、日本語でのコミュニケーションはひととおりできるようになります。

大人がびっくりするような記憶力を発揮する子もおり、男の子であれば駅名や昆虫、恐竜の名前を諳《そら》んじたり、女の子であればアニメのキャラクターになりきってみたりと、成長を実感する場面がいっそう増えてきます。

音による学びを主軸に据えることは変わりませんが、文字への関心が高まってくるこのあたりから、「読む」「書く」の技能にも徐々に注目していくことをおすすめします。これを**読み書き能力に基づいたアプローチ（Literacy Based Approach）**といいます。

文字を覚えることで、それまで音と絵だけで捉えていた世界の見方がちょっとずつ変わります。目の前のリンゴは、[æpl]という音や、赤くて丸い果実の映像としてだけでなく、「apple」としても記号的に表せることに気づくのです。

あくまでも「図形」のように楽しむ

この際、書き順はもちろんですが、きれいに書くことにもこだわる必要はありません。未就学児では筆圧が安定していない子も多く、まだ思いどおりに線が引けないことがあるからです。モータースキル（運動技能）の発達を見ながら、焦らずに慣らしていくことを大原則にしましょう。

この際、**お絵描きの延長線上にあるようなイメージ**で、アルファベットや単語の書き取

Stage8
Stage7
Stage6
Stage5
Stage4
Stage 3
Stage2
Stage1

りを楽しめる雰囲気づくりを心がけましょう。

190ページ以降でいくつか教材をご紹介していますが、いきなり「お勉強」をさせるというよりは、まずは白い紙にクレヨンなどで大きく文字を書いてみるところからはじめてみてください。

「例外の音」を学び、フォニックスを補強する

他方で、フォニックスの練習は、いろいろとコンテンツを変えながらも継続するべきです。あくまでも語学学習は「音のインプット／アウトプット」がメインなのです。

フォニックスに習熟してきたネイティブの子たちは、必ず**サイトワーズ（Sight Words）**と呼ばれる単語を学びます。これは要するに、フォニックスの規則から外れた「例外的な発音をする単語」のグループだと考えてください。

日常会話や文章では頻出する基本単語なのですが、発音の規則に当てはまらないものも多く含まれています。**視覚（sight）で音を丸暗記するしかない単語**という意味で、サイトワーズと呼ばれます。

Sight Words (Dolch Words)

※Pre-primerからThirdまで（名詞は除く）

Pre-primer
a
and
away
big
blue
can
come
down
find
for
funny
go
help
here
I
in
is
it
jump
little
look
make
me
my
not
one
play
red
run
said
see
the
three
to
two
up
we
where
yellow
you

Primer
all
am
are
at
ate
be
black
brown
but
came
did
do
eat
four
get
good
have
he
into
like
must
new
no
now
on
our
out
please
pretty
ran
ride
saw
say
she
so
soon
that
there
they
this
too
under
want
was
well
went
what
white
who
will
with
yes

First
after
again
an
any
as
ask
by
could
every
fly
from
give
going
had
has
her
him
his
how
just
know
let
live
may
of
old
once
open
over
put
round
some
stop
take
thank
them
then
think
walk
were
when

Second
always
around
because
been
before
best
both
buy
call
cold
does
don't
fast
first
five
found
gave
goes
green
its
made
many
off
or
pull
read
right
sing
sit
sleep
tell
their
these
those
upon
us
use
very
wash
which
why
wish
work
would
write
your

Third
about
better
bring
carry
clean
cut
done
draw
drink
eight
fall
far
full
got
grow
hold
hot
hurt
if
keep
kind
laugh
light
long
much
myself
never
only
own
pick
seven
shall
show
six
small
start
ten
today
together
try
warm

フォニックスをマスターしたうえで、サイトワーズの読み方を学習すれば、子ども向けのコンテンツに登場する英単語は、ほとんどカバーできます。小学校入学前にここまできてしまうと、これ以降、子どもが「自分で学ぶ」のがとても楽になります。

HINT 1

サイトワーズは遊んで学ぼう

明確な決まりがあるわけではないのですが、英語圏では**Dolch Words**と**Fry Words**の2つのサイトワーズが有名です。

ネイティブの子たちであれば、幼稚園年長〜小学校低学年くらいでDolch Wordsをマスターするのが一つの目安になっています。Dolch Wordsは、95単語の名詞と5段階レベル（Pre-primer / Primer / First / Second / Third）の220単語から構成されています。

基本的にこれらは丸暗記するしかありませんが、次のようなゲームを使って楽しみながら覚えるのもおすすめです。

Game

Pop for Sight Words Game（Learning Resources）

ボックスから引いたカードの単語を読めたらカードをゲット。最後は手持ちカードがいちばん多い人の勝ちです。サイトワーズの発音を覚えるのに最適で、ＪＰＲＥＰでも大人気のゲームです。

HINT 2

大文字と小文字があることを理解しよう

「書く」「読む」の2技能をトレーニングするときのポイントは、**文字を文字として学ばせるのではなく、文字の図形的な面を楽しむようにする**ことです。

子どものほうから、「ＭってひっくりかえすとＷになるね」「Ｓと数字の５は似ているね！」といった面白い発想が出てきたら、徹底的に褒めましょう。

「……いや、でもここのかたちが違うでしょ？」とすぐに間違いを指摘する親よりも、「ほんとだ！　面白いことに気づいたね‼」と驚いてくれる親のもとで、子どもの知性はすくすく育っていきます。

この段階では、次の教材なども使いながら、**大文字と小文字をマスターさせること**をゴールにしましょう。「〝A〟と〝a〟は、文字は違うけどフォニックス上の音は同じ」と気づいている状態が理想です。

保護者が先回りして、「アルファベットには大文字と小文字があってね……」とレクチャーするのではなく、子どもが自発的に気づけるようにリードしてあげてください。

Web

Sesame Street（YouTube）

https://www.youtube.com/user/SesameStreet/

「セサミストリート」のYouTube公式チャンネルです。ＡＢＣソングの最新バージョンである「Sing the Alphabet Song!」は、それぞれのアルファベットが画面に大きく表示されるので文字認識のトレーニングにも最適。「African Animal Alphabet」は、それぞれのアルファベットからはじまるアフリカの動物についてのＡＢＣソングです。耳慣れないアフリカの動物たちの名前を、アルファベットの文字と一緒に学ぶことができます。

Book

Dr. Seuss's ABC（Dr. Seuss / Random House）

アルファベットそれぞれの文字からはじまる奇想天外な短い詩を楽しめる本です。

Book

Eating the Alphabet（Lois Ehlert / Houghton Mifflin Harcourt）

アルファベットそれぞれの文字からはじまる食べ物が描かれています。

Book

ABC's Write & Wipe!（Kumon Publishing North America）

アメリカの子どもたちも使う公文式のシリーズです。「Uppercase Letters（大文字用）」「Lowercase Letters（小文字用）」の2つがあります。何度でも書いて消せるペンが付属しており、反復練習にもってこいです。

APP

Endless Alphabet（Originator Inc.）

https://itunes.apple.com/jp/app/id591626572

パズルのようにアルファベットの文字をはめ込みながら、単語を完成させるゲームアプリです。文字をタッチすると、フォニックスの音も教えてくれるので、文字と音の組み合わせを学習するときにも最適です。

HINT 3

絵本のセリフを発音してみよう

フォニックスは音単位・単語単位でのやや単調な練習が中心になりますので、子どももだんだん飽きてくると思います。年齢が上がり、**ストーリー性のあるコンテンツ**などを好むようになってきたら、文や文章の発音も一緒にやってみましょう。

まずはお気に入りの絵本の一文を読み聞かせし、あとに続いて発音させてみます。お母さん・お父さんが発音に自信がないときは、CD付きの教材を買って、子どもと一緒に練習するのもいいでしょう。

短文やストーリーに触れるようになると、子どもの耳はさらに磨かれていきます。たとえば「He eats an apple.」という短文の音声には、いわゆる三単現のsだったり、母音ではじまる名詞の前で不定冠詞が「an」になるといったルールが含まれています。また、「eats-an」や「an-apple」といった英語独自の音のつらなり方（リエゾン）にも、自然に慣れていくことができます。

これらの法則性について親御さんが解説する必要はありませんし、子どもが理解する必要もありません。むしろ、この響きに「かたまり」のまま何度も触れることで、暗示的知識として定着させることを意識してください。

実際、ネイティブの小さな子たちは、自分たちが「an apple」「a ball」と言うときに、「a / an」を使い分けていると自覚していません。どちらも同じように発声していると思っています。これと同様に、子どもの初期の英語学習においては、**「ルールあり き」ではなく、「パターンをなんとなく体得している状態」を目指すべき**なのです。

なお、短い文を含んだ発音練習には、次のコンテンツがおすすめです。そのほか、164ページ以降で「読み聞かせ用」として紹介した本も、子どもが自分で音読する教材にはうってつけです。

Book

Hop on Pop（Dr. Seuss / Random House）

Dr. Seussシリーズの入門版と言える本。1音節の単語だけで書かれた詩で、生き生きとした言葉のリズムを味わえます。ＣＤも付属しています。

Book

One Fish, Two Fish, Red Fish, Blue Fish（Dr. Seuss / Random House）

こちらもDr. Seussシリーズの初級者向けの本です。数字や色などの形容詞を学びはじめた子に最適。付属ＣＤの音声も使いながらチャレンジしてください。

HINT 4 ピクチャーディクショナリーをプレゼントしよう

「モノには名前がある」「物事には理由がある」ということに気づくと、子どもは大人を質問攻めにします。「これは何?」「あの看板、なんて書いてあるの?」「なんで○○なの? どうして?」などなど……知りたいという気持ちの赴くままに、聞きたいことを聞いてきます。

こちらが忙しいときはつい「ちょっとあとでね！」と言いたくなってしまいますよね。しかし、この好奇心こそが、一生の学びの原動力なのです。できる限り、彼らの好奇心の芽をつぶさないように、大切に大切に育ててください。

もしお子さんが「これは何？」「どうして？」の連発モードになったら、ぜひ英語の**ピクチャーディクショナリー**を買ってあげてください。これは単語の意味がイラストで理解できるようになった辞書です。

大人の学習にも使える本格版もあるのですが、まずは子どもが親しみやすい絵柄の、児童向けピクチャーディクショナリーをおすすめします。

この際、注意していただきたいのが、**モノリンガル版**を購入するということです。バイリンガル版、つまり、英語と日本語が併記されているバイリンガル版だと、「英語を英語のまま学ぶこと」ができません。**「イラストと英語だけ」が掲載されたもの**を買うようにしましょう。

ピクチャーディクショナリーの何よりもの利点は、70ページでも解説したとおり、「状況」のなかで単語を覚えられるということです。「lion」を単独で覚えるよりも、動物園を描いた大きな一枚絵のなかで、「giraffe」「elephant」「hippo」などとセットで覚えてしまうほうが、記憶の定着度の点でも、実用性の点でも圧倒的に優れています。

もう一つの利点は、イラストを使うことで、抽象的な単語が学びやすくなるということでしょう。たとえば、「into」「over」のような前置詞も、イラストがあればイメージがつかみやすいですし、「one / two / three … one hundred」といった数詞も、ピクチャーディクショナリーを使うことで、かなりスムーズに覚えることができます。

以下がおすすめピクチャーディクショナリーです。

Book

Word by Word: Primary Phonics Picture Dictionary（Pearson）

フォニックスの学習とともに使うと効果的な初心者向けピクチャーディクショナリーです。ただし、残念ながら音声ＣＤなどがないので、発音は大人が教える必要があります。

© Pearson

Book

Longman Children's Picture Dictionary with CDs（Pearson）

８００語の単語を収録した音声ＣＤ付きのピクチャーディクショナリー。子どもの日常生活に身近なトピックごとに単語が学べるのが魅力です。

Ⓒ Pearson

Book

The Sesame Street Dictionary（Random House）

セサミストリートファンにはおすすめの一冊。ただし、こちらも音声がないのが残念。

Chapter 6

「英語に自信がある子」になる最高の生活習慣

▼英語は「自信のある子」を育てる

小学生くらいになったら、英語力をスキルとして磨くことで、**「ぼくは英語ができるんだ」「わたしは英語が得意なんだ」という自信を育てていく**ことが何よりも大切になります。

この自信を与えられるかどうかこそが、子育ての核心です。野球のバッティングを例に考えてみましょう。

❶「自分はバッティングが苦手だ」と認識する
❷バッティングの改善に必要な行動を自ら取る
❸実際の試合でバッティングにより結果を残す

人はこのようなプロセスを経て、自信を手に入れていきます。なぜこれが大切かといえば、このプロセスを繰り返すことで、「自分は必要な行動を自らとって、自分を高めることができる！」という認知が強化されるからです。「自分で自分の人生をよくできる」という手応えと言えばいいでしょうか。これを心理学の世界では**自己効力感（Self-efficacy）**と言います。自己効力感は学習を続けるモティベーションの源泉になります。

学習者の**モティベーション**をどのように維持するかは、SLAの世界でも以前から盛んに研究されています。そこでヒントになるのが、認知心理学などの分野で発達してきた**自己決定理論（Self-determination Theory）**です。[*01]

それによれば、人間の内的な動機づけを高めるためには、「自分にはできるという実感があるか（Competency）」「自分の学習に意思選択があるか（Autonomy）」「学習環境との関係が適切か（Relatedness）」の3要素が欠かせません。

ここからもわかるとおり、**子ども自身が「自力で英語力を高めていけるぞ！」という実感を持つことは、やる気を保つうえでも非常に重要**なのです。

「適切な方法で継続すれば、どんな子でもしっかり結果が手に入る」という点で、英語は自己効力感を育むうえでもうってつけです。お母さん・お父さんは、ぜひその点も意識していただければと思います。

Stage8 Stage7 Stage6 Stage5 Stage4 Stage3 Stage2 Stage1

＊01　Ryan & Deci, 2000; Noels et al., 2000

▼他教科がイマイチでも、英語なら大丈夫！

それを踏まえたうえで、心に留めておいていただきたいことが、やはり3つあります。

❶ 他教科の成績は英語力にはあまり関係ない
❷ 文字での学習・論理的な理解を徐々に取り入れる
❸ 紙にこだわらず、ITやデジタル機器を積極活用

まず**英語は本質的には「教科」ではない**ということです。いよいよ小学校でも英語が正式な教科として導入され、英語にも通知表で成績がつくようになります。すでに小学生のお子さんをお持ちの方のなかには、他教科の成績が芳しくなかったりして、ため息をついている人もいるかもしれません。

もしそうだとしても、**英語には「大逆転」の可能性がある**ことを覚えていてください。

前述のとおり、第二言語の力は本来、国語や算数などよりも、音楽・体育・図工のような

技能に近い性質のものです。

いわゆるお勉強が苦手な子でも、真っ当な方法・環境を用意しさえすれば、英語の力は着実に伸びていきます。ですから、決して最初からあきらめないでいただきたいのです。

JPREP酒田校の講師を務める一人は、高校2年までは偏差値40台で、真剣に勉強したことのない高校球児でした。通っていた学校も、いわゆる一流の進学校ではなく、普通の地方公立高校です。

しかし、**高校2年生で一念発起して本格的に英語を学びはじめた結果、「国語」など他教科の成績も急上昇し、すぐに英検準1級に受かりました**。彼は結局、国内の大学には進学せず、アメリカのコミュニティ・カレッジ（公立の2年制大学）に入ったあと、カリフォルニア大学バークレー校を卒業することになりました。

JPREPには「元高校球児を採用する」という方針があるわけではありませんが、もう一人、甲子園出場の経験を持つ元講師にも似たようなエピソードがあります。部活を引退し、大学に進学しようと模試を受けたところ、彼はなんと**全国で最下位という「ビリギャル」も真っ青の点数**を残しました。

ところが、彼も「英語」の勉強をはじめたところ、つられて「国語」や「社会」の成績も伸び、浪人こそ経験したものの、みごと上智大学に入学。現在はアメリカの大学院で応用言語学を学んでいます。

彼らの事例はやや極端ですし、比較的学齢が進んだ子のエピソードではあります。それでも**正しい英語学習には、人生に激しい化学変化を引き起こす「触媒」としてのパワーがある**ことは、感じていただけるのではないでしょうか。

ひょっとしたら英語が、お子さんの一生を左右する自信の種になるかもしれません。そのためにもまずは、「この子は英語ができるようになる！」と親御さん自身が信じ、なおかつ「さりげなく」応援してあげることが欠かせないのです。

▼「音：文字」の比率を「7：3」くらいにシフトする

2つめのポイントは、**文字やロジックを通じた学習のウエイトを高めていく**ということです。

といっても、主軸が音なのは変わりません。幼児期に「音：文字＝9：1」だったのを、徐々に「7：3」とか「6：4」くらいにシフトさせていくイメージです。

まだ小学生の段階では、音に対する感受性が非常に鋭いので、依然として「耳を通じた学習」のほうが効率は高いことは忘れないでください。

一方、学校で教科の学習がはじまる小学生なら、「読む」「書く」への抵抗も少なくなります。本を使いながらじっくりと英文を読んだり、鉛筆を持って英文を書いたりすることで、「聞く」「話す」の力にもプラスの相乗効果をもたらしていくアプローチが必要になります。

▼高学年あたりで初めて「日本語での理解」を

また、高学年くらいになると、物事を筋道立てて理解する力も身についてきます。その場合には、「かたまり」で英語に触れるだけでなく、**日本語での文法解説や発音記号などを含めた、構造的な理解を併用する**ようにしていきます。

ＪＰＲＥＰのコア・カリキュラム授業は、必ず日本語を母語とする講師と英語を母語とする講師が1名ずつペアになって行うようにしています。そのため、イマージョンを過信している親御さんからは、「なぜ全員がネイティブ講師でないのですか？」と聞かれることがあります。これに答えるなら、端的に「効率が悪いから」です。

たとえば、日本に長く住んで、**日本人の下手な発音にすっかり慣れてしまったネイティブ講師たち**は、生徒が「Thank you.」を［sǽnkjuː］とか「サンキュー」と発音していても、「まあ、子どもだし、仕方ないか……」とスルーしてしまうことがあります。その結果、子どもたちがおかしな発音のまま放置されているケースが散見されます。

初心者である子どもたちに、正しい発音を英語で説明するのは至難の業ですし、彼らの学習意欲を傷つけずにそれができるネイティブ講師はそうそういません。ＪＰＲＥＰではそうならないように講師研修をしていますが、ほとんどの教室ではそこまで手が回らないでしょうし、あえて直さず楽しむことに重きを置いているところもあるでしょう。

そこを補えるのが日本人講師の強みです。**彼らは日本人的な発音のクセを知っていますから、そこを見逃さずに的確な〝ツッコミ〟を入れることができます**。生徒の年齢にもよりますが、舌の位置を図示したり、発音記号を用いたりすれば、子どもたちもすばやく軌道修正ができます。この場合のように、日本人から日本語で説明されたほうが、単純に効率的なことがだんだん増えてきます。「英語のまま理解」に加えて、「日本語での理解」も組み合わせましょう。

デジタル機器をフル活用する

「LINEいじめ」とか「個人情報流出」のリスクが騒がれることもあって、スマートフォンやタブレットといった**デジタルデバイス**を子どもに与えることに、ネガティブなイメージを持っている親御さんも少なくないでしょう。

しかし、**語学学習についていえば、これらのツールを使わない選択肢はあり得ません。**映像・音声・文字を自在に出力できるデバイスは、SLAの発想を活かした学習法とも相性がよく、避けるべき理由がほとんどないのです。

子どもに英語をマスターさせたければ、親の世代の学習イメージを「Unlearn」することが第一歩だと言ったのを覚えていますでしょうか？　もはや「机に向かって、教科書とノートを開く」だけが英語の勉強ではないのです。

ソファにリラックスして座りながら、タブレットで発音練習をしてもよし。好きなアニメのキャラクターの英語動画を観て、セリフを真似るもよし。寝転びながらピクチャーディクショナリーを眺めるだけでも、子どもの英語力は伸びていきます。

ケガをするかもしれないからといって、料理で包丁を使わないというわけにはなかなかいきません。道具は結局、使う人次第です。子どもが安心して学習できるよう、セキュリティ環境などを整えたうえで、デジタルデバイスは積極的に取り入れていくべきでしょう。

Stage 4

英語の「音と文字」を結びつける

――Balanced Literacy Approach

AGE 6-8

▼学びの「基礎力」を身につける時期

ここまでは「楽しむ」ことに主眼を置いていましたが、小学校に通うようになったくらいからは、「学ぶ」ことを意識した環境づくりが重要になってきます。

といっても、机に向かって英語を勉強させる必要はありません。**これまで身体的につかんできた音や文字の知識を、整理して学び直す機会をつくる**だけで十分です。これがその後の「自分で学ぶための基礎力」につながっていきます。

一方で、幼稚園から小学校に進級する際には、大きな環境変化も含めて、子どもには一定の負荷がかかります。僕もこれまでＪＰＲＥＰキッズでたくさんの小学1年生を見てきましたが、まさに最初は慣れるだけで精一杯。あまりにも「新しいこと」を詰め込みすぎないように、つねに注意してあげる必要があります。

▼「それぞれの文字」に「それぞれの音」だと気づく

一方、小学校に通うようになると、「国語」の授業がはじまりますから、それまでの蓄積がみごとに開花するケースが出てきます。

たとえば、授業を通じて文字を習うことで、音と文字の関係性に気づきはじめます。それまで楽しんでいたフォニックスの動画を振り返りながら、「そうか、〝あ〟は『ア』と読むし、〝a〟は［éi］と読むんだな」「日本語はひらがなとカタカナと漢字があるけど、英語は大文字と小文字なのか」という具合に、より理解が深まっていくのです。

そうなると、2つの言語の共通点や違いにも目が行くようになり、モノリンガルの子たちにはない視点、つまり、**言語を相対化して観察する視点**（**メタ言語意識**）が養われます。

以前、キッズクラスの子どもから、「日本語だと句点で文章が終わるのに、どうして英語だとピリオドになるんですか？」と聞かれて、しばし考え込んだことがありました。まさに英語を学習した子ならではの着眼点です。これを「次のステップ」につなげていくことこそが、僕たち大人の役目ですね。

またこの時期には、身体的な成長に伴ってモータースキルが高まってくるので、安定した筆圧でスムーズに鉛筆が動かせるようになります。ノートに文字を書く機会も増えてきて、書くことに抵抗がなくなってきたら、**英語のアルファベットや短文を書く練習**も徐々にはじめていきましょう（ただし、無理は禁物です！）。

HINT 1 フォニックスクイズをやってみよう

フォニックスを続けていれば、英語独自の音が次第に本人のなかに定着していきます。とはいえそれは、フォニックスの動画や音声を通じて、バラバラに覚えたものでしかありません。これをもう一度、体系的なかたちで学ぶ機会をつくりましょう。

子どもがフォニックスをどれくらい網羅的にマスターしているかは、アルファベット表の「大文字」「小文字」をランダムに指しながら、それぞれのフォニックス読みを発音させることで確認できます。

歌に合わせて頭から発音していくのではなく、バラバラの順番でもすぐに音がわかれば、お子さんのなかで文字と音がしっかり結びついているという証拠です。一方的にお母さん・お父さんが出題するのではなく、相互に問題を出し合ってクイズ形式にするなど、ゲーム性を持たせるといいでしょう。

文字と音の対応関係についての理解が深まると、子どもの脳は単語のスペルを見て音素を分析し、発音を再構成できるようになっていきます。子どもが知らない単語を見せて、「How do you read this?（どうやって読むでしょう？）」とクイズを出してみましょう。

（親）How do you read this?（WOLF の文字だけを見せながら）
（子）w… o… l… f…w-o-l-f… wolf?
（親）Yes! wolf, you're right! And this is a wolf.（オオカミの絵を見せる）
（子）Ah! I know wolf!

こうしたやりとりを通じて、「知らない単語も自分は読めちゃうんだ！」という自信を持たせましょう。ただ英単語を暗記させるのではなく、フォニックスの知識を使いながら自ら発音を〝発見〟させ、そのあとで意味を理解させるという順序を意識してみましょう。

わが子が未知の単語を読む姿を目にすると、親御さんもきっと感動すると思いますよ。そんなときはぜひ褒めてあげてください。

◆褒め言葉・励まし言葉

- Wow! / Good job! / Wonderful! / Excellent! / Super!（すごいね！）
- Good try! / I love how you tried!（がんばったね！）
- Let's try one more time.（もう一回やってみよう！）
- Why don't we try together, this time?（今度は一緒にやってみようか？）

HINT 2

英語は「静かにお勉強」はNG

母語能力の発達から言うと、書く技能は、小学1年生が**主語・述語を使った短文**、2年生では**感想文などの「自分の気持ちを伝える文」**を書けるレベルが一つの目安です。英語に関しても、文字を書く練習をはじめて、簡単なセンテンスが書けるくらいを目指すといいでしょう。

注意してほしいのは、**書くときも「音」を意識する**こと。日本の教室環境では、静かに黙って机に向かうことが生徒の美徳とされがちですが、語学についていえば、それはマイナスです。書くたびにその文字や単語・文を声に出すようにしましょう。**「静かにお勉強しないこと」が英語ではとても大切**なのです。

この時期からは単語やその組み合わせを「発音する」だけでなく、それらの単語が含まれた文や文章を「読んで理解する」ことも大切にしてください。「音―文字」の関係だけでなく、「文字－意味」にも踏み込んだこの学習アプローチを**バランス型リテラシーアプローチ（Balanced Literacy Approach）**といいます。

フォニックスの教材を使いながら、次のような練習をしてみましょう。これを繰り返すことで、「単語→文」「文→文章」「文章→ストーリー」という構造、さらには「主語が先に来る」とか「最後はピリオドがつく」といった文の成り立ちについても自然と理解が進みます。これは今後、英文を書く力を養う際にも重要になります。

❶ 書写からはじめる

まずは英文を書き写す練習からはじめます。ひらがなやカタカナと同様、丁寧に書くことも大切なので、ヨコ罫が入っている英語学習用のノートを使いましょう。絵本であれば、絵も模写させます。お気に入りの絵本の文章と絵の両方を書き／描き写して、自分だけのオリジナル本をつくるのもおすすめです。

❷ 単語の穴埋めをやってみる

たとえば「The (　　　) has two (　　　).」というように、学んだ単語を復習できる穴埋め問題をつくってみましょう。解かせる際には、必ず「The cat has two hats.」のように音声を聴かせます。CDを聴かせてもOKですが、親御さんが読む場合は、それぞれのセンテンスをゆっくり2回、そして普通のスピードで文を1回、読んであげてください。単語の穴埋めができるようになったら、全文を書き取らせる練習（**ディクテーション**）にも挑戦しましょう。

HINT 3

本を読む習慣をつけよう

日本語・英語を問わず、小さいころから読み聞かせを習慣的に続けているのなら、小学生になってからもぜひ続けてください。「もう夜は一人で寝られるようになったし……」と、せっかくの習慣をやめてしまうのはじつにもったいないと思います。

一方、子どもの考える力を育むことを考えると、**読んだ本の内容について、親子で会話をする**のもおすすめです。「もし○○くんがこの（主人公の）男の子だったら、どうする？」というように物語の世界観を起点にすれば、子どもはどんどん想像力を膨らませて、「僕だったらこうする！」と、とても面白い答えを返してくれます。

また、親自身が読書の習慣を持っていることも大切です。アメリカにいたころ、イェールをはじめとしたアイヴィーリーグの先生方と家族ぐるみでおつき合いするなかで、僕の妻が気づいたことがあります。彼らのご自宅のリビングには必ずと言っていいほど、「お父さん・お母さんが読んでいる本」が置いてあるのです。

書斎にこもって本を読むのではなく、子どもの目の前で読書してみせる——これは子どもにも好ましい効果があると思います。なかには「自分や子どもが読んだ本の内容について、家族ぐるみで議論している」という方もいました。親自身が学ぶ姿勢を持っているかどうかは、子どもの知的成長を左右するポイントになると思います。

さらに、英文が読めるようになってきたら、一人で本を読むように促しましょう。自分で読めた物語に関して、大人と話をできれば理想的です。

いきなりそこまでは無理にしても、英語の本を読み聞かせるときに、「このページはお母さんの代わりに読んでみない？」と聞いてみるのもいいでしょうし、一冊まるごとを子どもに読み聞かせしてもらい、こちらから感想を言うやり方もあります。

Stage8
Stage7
Stage6
Stage5
Stage 4
Stage3
Stage2
Stage1

「英語だから難しいかな」というのは大人の思い込みです。英語に親しんでいる子にとっては、どちらも同じ覚えたての言葉。「読めることの喜び」を実感できるよう、できるだけ機会や書籍を用意してあげましょう。

次はおすすめのリーディング教材シリーズです。

Book

I Can Read!（HarperCollins）

幼児向けを含め６レベルに分かれたリーディング素材シリーズです。ネイティブの子どもたちなら必ず読む文学が収録されています。以下４シリーズとも、ＷＥＢ上のゲームやアクティビティのサポートも充実していますので、多角的な学習に向いています。

Book

Step Into Reading（Penguin Random House）

マンガや映画の主人公のお話も含まれたシリーズで、子どもたちが好きそうな分野の本が５段階のレベルで幅広く揃っています。「Dr. Seuss」のシリーズもこちらに収載あり。

Book

National Geographic Readers（National Geographic）

興味深いサイエンスのトピックが各テーマに沿ってわかりやすい文体で書かれています。レベルは全部で4つ。ナショナルジオグラフィックの美しい写真つき。

Book

Oxford Reading Tree - Read with Biff, Chip and Kipper（Oxford University Press）

178ページではフォニックスのシリーズをご紹介しましたが、こちらはリーディング用の物語シリーズ。音声CD付きの購入をおすすめします。薄い冊子形式の本をすべて読み終えると、かなりの達成感が味わえます。

© Oxford University Press

HINT 4

「リピーティング」で子どもの脳が変わる

文字を使った学習が増えてきましたが、音が中心であることは忘れないようにしてください。といっても、フォニックス練習だけでは子どもも飽きてしまいます。

そこで取り入れるといいのが、**文（センテンス）のリピーティング**です。子どもとやる場合も、何も特別なことはありません。ネイティブがセンテンスを読み上げたあとに、同じ文を繰り返します。親子で一緒にやれば、ゲーム感覚で楽しく実践できると思います。

このときのポイントは、文字を見ないようにすること。ちょっとした短文やストーリーでも、耳を集中させて聞こえたままを発音するようにします。英語の耳を育てるには、**文字は使わずに「耳と口」を鍛える**のがおすすめです。

とはいえ、子どもの場合は難易度の調整が必要です。最初は「単語」や「短めの文」からはじめるのがいいでしょう。慣れてくるにしたがって、長めの文へとレベルを上げていきます。スピードについていけないようであれば、音声の再生速度を落とすなどの工夫をして、子どもがいやにならないよう注意しましょう。

Stage 5

英語で「コンテンツ」を楽しむ
——Content Based Approach

AGE 8–10

「自分」が出てきたら、アプローチを変える

小学校生活にも慣れた8～10歳くらいは、ひと言で言えば「自分と他者の違いに気がつく時期」です。「自分は背が低いな」とか「ぼくのほうが足が速いぞ」とか「あの子のほうが髪の毛がきれいだわ」というふうに、他人と自分を比べて、得意になったりコンプレックスを抱いたりするようになります。

子どもたち同士で一緒に遊ぶ時間も増えていくので、親御さんが介入できる余地もだんだん少なくなっていきます。親が一から十まですべてお膳立てするのをいやがる子も出て

くるでしょう。「なんでもお母さんと一緒」の時期が本格的に終わりを告げるのです。

そうした芽が見えてきたとき、英語学習においても、少しずつお母さん・お父さんの手を離していくことが必要になります。補助輪なしで自転車に乗る練習をするときのように（もっとも、最近はペダル無し自転車を使うようですが）、子どもが自分で走り出せるよう後ろで見守ってあげてください。

「最近うちの子、英語に触れる時間が減ったかも……？」と心配になって勉強を無理強いすると、かえって英語嫌いになりかねませんので注意してください。

▼テレビを見せるくらいなら、YouTubeで英語を

この段階には、**コンテンツを使ったアプローチ（Content Based Approach）**を意識しましょう。ここで僕が主に念頭に置いているのは、動画・アプリなどのインターネット上にあるコンテンツです。

教育効果を考えた場合、同じ映像メディアなら、テレビよりも**YouTube**のほうを圧倒的に強くおすすめします。実際、わが家のリビングにあるテレビも「壊れた」ことになっており、テレビは見せないようにしています。それでも困ったことはありません。

決まった番組が一方的に流れてきて、いちいち録画しなければ繰り返し再生できないテレビよりも、**好きなときに幅広い見解・コンテンツに繰り返し触れられるＷＥＢメディアのほうが、語学学習のツールとしてははるかに好ましい**と思います。

APP
YouTube Kids
https://kids.youtube.com/

学習とは関係のない動画、未成年には不適切な動画も無数にありますから、そのコントロールは欠かせませんが、うまく使えばこれほど優れた学習ツールはありません。こちらは保護者による使用制限などの機能がついた子ども向けYouTubeアプリです。

Web

Netflix

https://www.netflix.com

月額課金の映像ストリーミング配信サービスです。こちらでは12歳以下に適したコンテンツが「キッズセクション」に集められているほか、子ども向けコンテンツのみにアクセスできるプロフィールを別途作成できます。子どもの視聴履歴を管理したい親御さんにはおすすめです。

「自分なりのセンテンス」を書けるようになる

他方で、子ども一人でもできる学習、つまり、「書く」「読む」の時間ウエイトを高めていくことも大切です。

同級生の目を気にしだすと、親子で英語の歌を歌ったり、つきっきりでフォニックスの練習をしたりするのを嫌がる子も出てくるでしょう。子どもが読んだり書いたりしたものについて親子でコミュニケーションを取る、あるいは、ちょっとした英語ゲームを一緒にやる程度にし、それ以外はなるべく**環境整備**に注力します。

8~10歳の子には、とくに**ライティング**の学習を本格的に開始することをおすすめしています。ここで言うライティングとは、お手本を書写するだけの練習ではなく、**自分なりに短いセンテンスをつくり、自分のことを表現するトレーニング**のことです。

子どもたちに「自分」が出てくると、物事をまとめるときの独自の視点ができてきます。誰にでも当てはまる平板なセンテンスを書かせても、役に立ちませんし、何より面白くありません。「ぼくはサッカーが好き」「わたしはダンスを習っている」というように、**本人にとって意味がある表現をとっかかりにして、書くトレーニングを徐々に開始していきましょう。**

HINT 1

英語のロールモデルを見つけよう

これくらいの時期の子どもは、他人との違いに目が行くようになるという話をしました。英語学習のための動機づけを考えると、この変化は追い風になると思います。ごくシンプルにいえば、**「英語ができるとかっこいい！」という認知が、本人のやる気をますます高めてくれる**からです。[*01]

そのときぜひ振り返っていただきたいのが、子どもが憧れている人やモノです。たとえばサッカーをやっている子であれば、憧れている選手が海外で活躍し、流暢な英語を話しているシーンは、強力な動機づけ材料になるでしょう。第二言語習得において**ロールモデル**の存在がカギを握るということは、SLAの諸研究からも明らかにされています。

子どもが「自分もいつかこんなふうになりたい！　だから英語も話せるようになりたい！」と思えるようなロールモデルを一緒に探しましょう。その人物が英語を話している様子をYouTubeなどで探し、ぜひ子どもと一緒に見てください。

HINT 2 英語でサイエンス！　はじめてのCLIL

小学校3年生からは「社会」や「理科」の授業もはじまりますから、サイエンスの世界

＊01　Dörnyei & Ushioda, 2009

やドキュメンタリーのコンテンツに興味を持つ子も出てくるでしょう。**すでに学んだことを端緒にしながら、英語のコンテンツを選んでいく**こともおすすめです。

これらの分野は動画コンテンツとも相性がよく、クオリティの高いものがたくさん無料で公開されています。

J PREPでも、理科や社会科の学習と英語授業を掛け合わせた**CLIL《クリル》指導**を行っています。

たとえば、学校の「理科」で光の勉強をしたタイミングの子どもたちには「虹を英語で表現してみよう」という授業をやってみました。虹の7色（Red / Orange / Yellow / Green / Blue / Indigo / Violet）をネイティブが暗記するときの方法だとか、赤と黄を混ぜたら何色になるかといった話をすると、明らかに生徒の反応が違ってきます。

ちなみに、7色の覚え方には、頭文字を「ROY G BIV」（ロイ・G・ビヴさん）と人名っぽく並べるやり方があります。

既知の内容を英語で学び直すという意味では、「算数」も非常に適した素材です。基数英語で言ってみるといった練習は、子どももとっつきやすく感じるようです。
(one, two, three...) を100くらいまで言うとか、「1+1=2」とか「4×5=20」を

「算数」を英語で学ぶと、不定冠詞の意味や、可算名詞／不可算名詞の違いに、ぼんやりと気づくきっかけにもなります。学校英語であれば、「可算名詞と不可算名詞があります。waterは不可算名詞なので不定冠詞はつきません」というように、演繹的な教え方をされましたが、本来は**子どもが自らルールを「発見」するのが理想**です。

英語で算数を学ぶうちに、「そういえば、appleが一つのときにはanだけど、2個以上だと-sがつくんだな」とか「あれ? waterはwatersとならずに、three glasses of waterという言い方をするのか」というふうに〝気づかせる〟ことを目指しましょう。

僕自身、小学生のころに同じような「発見」の体験をしていたのをいまでも覚えています。当時はまだ英語はチンプンカンプンだったのですが、なぜか歌詞カードを指でなぞりながら洋楽のレコードを聴くという一風変わった趣味を持っていました。

そうするうちに僕は、「th-の発音はサ行でもダ行でもない」とか「日本語とは種類の違う母音がある」といったことにいつのまにか気づいていたのです。この体験があったた

め、中学校で英語の授業を受けたときにも、「(あ、これはあれのことだな!)」とスムーズに理解できました。

頭ごなしに教えられたことよりも、自分で見つけたことを人はよく覚えているものです。ぜひお子さんが「自分で気づく」ためのきっかけづくりを意識してみてください。

こちらにおすすめCLIL入門教材をあげておきました。

Book

Guess What! American English - Student's Book (Cambridge University Press)

「算数・理科・社会のトピックを通して英語を学ぶ」というコンセプトでつくられたシリーズ教材で、音声やDVD、ワークブックも購入可能です。6つのレベルがあり、レベル1からはじめるといいでしょう。最初から全部をやろうとせずに、まずはDVDがカバーしているメインクエスチョンにフォーカスして学習するのがおすすめです。

© Cambridge University Press

Book

Explore Our World (National Geographic Learning)

理科・社会のトピックを通して、自分たちの生きる世界を英語で学んでいく教材シリーズです。全部で6レベルあり、こちらも音声・映像・ワークブックが揃っています。こちらも1からはじめることをおすすめしますが、簡単すぎると感じたら、一気にレベル3や4に飛んでしまってもいいでしょう。

© National Geographic Learning, a part of Cengage Learning

Book

KUMON Math Workbooks (Kumon Publishing North America)

公文式がアメリカで展開しているネイティブの子ども向け算数ドリルです。子どもがすでに「算数」の授業で学んでいる内容であれば、かなりスムーズに英語で学ぶCLILの世界に入っていけます。

HINT 3

英語日記で「書く楽しさ」に触れる

「ライティングの練習をはじめましょう」などと気軽に書きましたが、ライティング指導を家庭でやるのはなかなか大変です。本格的に能力を伸ばそうとするときに、4技能のうちで専門的な指導がいちばん求められるのは、じつはライティングだったりします。J

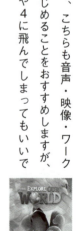

PREPでも、ライティングについては、講師による細かな添削指導をするようにしています。

とはいえ、**この時期であれば、スペルや文法のミスに神経質になる必要はない**と思います。むしろ、「自分が書いた英文がちゃんとお母さん・お父さんに伝わった！」という体験をさせることに重きを置いてください。いちいち手直ししたりする必要はありませんし、まずは「英文を書こうとしている姿勢」を褒めてあげてください。「間違いだらけでも、書く練習をすること自体に意味がある」と考える研究者も多くいます。

ライティングについては教材もありますが、**まずは「日記」からはじめる**といいでしょう。ある日、キッズクラスの生徒に「英語で日記を書いて提出してもいいよ」と何気なく言ったところ、早速やってみて、英文を書くのが大好きになった子がいました。

使える構文や語彙は限られているでしょうが、すぐに「答え」を手渡してしまうのではなく、これまで学んだ知識を手がかりに、**子どもが自分で文をつくっていくプロセス**を大切にしたいものです。

語彙については、「和英辞典」ではなく、モノリンガルのピクチャーディクショナリーを用意するといいでしょう。

おすすめのライティング教材とピクチャーディクショナリーをご紹介します。

Book Scholastic Success With Writing（Scholastic）

こちらはネイティブの小学生向けで、5段階のレベルが揃っています。お子さんの進度を見ながら使うようにしましょう。

© Scholastic

Book Writing Skills（Flash Kids）

アメリカの教科書会社の定番シリーズです。アメリカの小学校1年生向けから6年生向けまでがありますので、まずは1年生向けからはじめてみましょう。1冊に1年間かける必要はありません。本人の理解度を見ながら、どんどん次のステップに進んでください。

Book Word By Word: Picture Dictionary [Second Edition]（Pearson）

単語がトピック別／テーマ別になっており、単語を使ったダイアローグも収載されているピクチャーディクショナリーです。残念ながら音声CDはありません。日英対訳の「Bilingual Version」と間違えないようにご注意を。

Book

The Heinle Picture Dictionary（National Geographic Learning）

装丁にある美しいクジラの写真からもわかるとおり、世界的な雑誌「ナショナルジオグラフィック」の写真を用いたピクチャーディクショナリーです。単語がトピック別／テーマ別になっているほか、別売りで音声CDが入手できます。

© Pearson

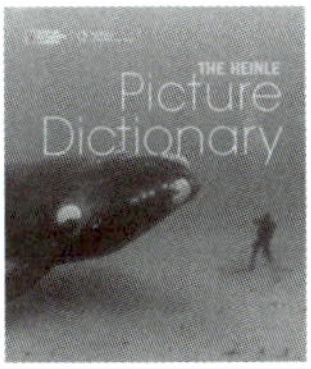

© National Geographic Learning, a part of Cengage Learning

HINT 4 ゲームで楽しく英語を学ぼう

これくらいの時期には、いま一度「英語を楽しむこと」に立ち返るのも大切です。「お勉強」だけでは集中力もモティベーションももちません。そんなときにうってつけなのが、**ボードゲーム**や**カードゲーム**などのオモチャです。

ＪＰＲＥＰでも、小学生たちはさまざまなゲームで遊びながら英語力を身につけています。おすすめをいくつかご紹介しましょう。

Game

Pictionary

出題者がお題の「単語」を見て、それを「絵」にします。その絵を見ながら、回答者みんなでお題の単語を推測するゲームです。たとえば、お題が「living room」であれば、回答者たちは「Is it a room?」「Is it a dining room?」などと出題者に尋ねながら、正解を探っていきます。とにかくテンポよく英語を口にする練習にはうってつけのゲームです。

Game

Operation（Hasbro）

外科医になって、患者の身体からいろいろなものを摘出するゲームです。うまく取り出せないと大きな音が鳴るようになっており、とても盛り上がります。単純なゲームではありますが、身体の部位や器官の名称を覚えるにはおすすめです。

Game

MONOPOLY

日本とは異なり、アメリカの子どもたちは必ずファイナンス（金融）の授業を受けています。お金に振り回されず、お金を味方につけるゲームを英語版でプレイしてみてはいかがでしょうか。

Book

I SPY（Scholastic）

日本では『ミッケ！』（小学館）という名前で翻訳版が出ているゲーム絵本のシリーズです。133ページでご紹介した息子と僕の遊びもこれが元になっています。絵のなかに隠れているものを探し出すという、シンプルながら子どもが大好きな仕掛けが入っています。

© Scholastic

Stage 6

英語にも「ルール」があると理解する

――Content Based Approach

AGE 10–12

10歳までは「日本語で英語を学ぶ」のは不要

小学校高学年くらいになると、抽象的な物事を理解する力が徐々に身についてきて、基本的なロジックを読み解いたり、自分の主張を表現したりできるようになってきます。

大人の脳に近づいてくるこの時期、子どもの論理的な思考力はグンと伸びます。こちらが叱ったりしても、子どもから意外とスルドイ反論が飛んできて、かえって大人のほうが戸惑うなどということも少なくありません。

外国語習得について言えば、このあたりから母語による学習が効果を発揮します。逆に言えば、**10歳くらいまでは「日本語による理解」は不要**だということです。

日本語で書かれた文法解説を読んだり、単語帳や和英辞典を使って語彙を増やしたりといった英語学習には2つのメリットがあります。

❶ 暗示的知識を明示的知識に変換できる
❷ 学習スピードを高速化できる

幼いころから本書の方法を実践してきた子であれば、この段階で簡単な英文くらいは話せてもまったく不思議ではありません。しかしその子はおそらく「自分がどういうルールで英語を使っているのか」をうまく説明できないと思います。

母語での文法学習は、こうした暗黙の「なんとなく」のルールを明示化することで、より正確な英語表現を可能にします。

たとえば、ネイティブの子どもたちは「3人称・単数・現在形の場合、動詞にsがつく」と説明されてはじめて、「なるほど、たしかにこういうときには、みんなsをつけているなあ」と気づきます。「三単現のs」といえば、中学1年で習うごく初歩的な文法項

Stage8
Stage7
Stage 6
Stage5
Stage4
Stage3
Stage2
Stage1

目の印象がありますが、ネイティブの子どもたちですら、かなり大きくなるまでsをつけ忘れることがあります。

文法学習には、初歩的ミスを減らし、より洗練された英語へと磨き上げる効果があるのです。

▼「学びモレ」を短期間で埋めるには？

文法学習のもう一つのメリットは、**学習の効率を高め、短期間で表現の幅を広げられる**ことです。

外国語の基礎力をつくるためには、コンテンツの「かたまり」を「音」を通じて大量にインプットする必要があります。しかしこのやり方だと、コンテンツに含まれていない表現、使用頻度の少ない語彙が、どうしても抜け落ちてしまいます。

実際のコミュニケーションで登場する表現を漏れなく学ぶために、いちいち映像などのコンテンツを使っていたら、どれだけ時間があっても足りません。そうした**「抜け漏れ」を埋めるのが文法書の役割**です。ある程度の素地がある子であれば、もともとの暗示的知識を起点にしながら、加速度的に文法知識を吸収していくことができます。

また、この時期から英語をはじめる子には、ネイティブの子どもたちが10年かけて学ぶ知識を、ごく短期間で学習できるというアドバンテージがあります。

とはいえ、それが単なる「中学英語」の前倒し学習になっては意味がありません。小学校高学年くらいから学びはじめるにしても、やはり基本は「音＋かたまり」。学習時間の半分は、フォニックス練習や映像コンテンツでのエクササイズにあてることを忘れないでください。

文法学習で自信を奪わないように

文法学習によるショートカットが可能になる反面、ぜひ注意していただきたいことがあります。日本語を使った文法・単語学習は、ややもすると「テストのお勉強」に近いものになりがちです。

これくらいの年齢になると、子ども自身にも「自分は何が得意で何が苦手なのか」がはっきりとわかってきます。**わが子に自信を持たせる最高のチャンスであるはずの英語が、かえって子どもに苦手意識を植えつけ、自信を奪う要因になってしまう事態は、ぜひ避けていただきたいです。**

中学受験についても、同じことを感じます。ＪＰＲＥＰには、中学受験を終えた子どもたちが毎年たくさん入ってきますが、なかには学ぶ意欲そのものを使い果たしたかのような生徒がいます。

受験勉強のプロセスがその子から自信や活力を奪ってしまっているのでしょう。元気いっぱいのキッズクラスの子たちと数年しか年齢が違わないのに、なんだか疲れ切っている彼らの姿を見ていると、本当に胸が痛みます。

いずれにしろ、**「日本語を通じた英語学習」は、あくまでも補助**です。たとえ子どもが文法問題を間違えたりしていても、「また同じところを間違えているよ」「この構文がわかっていないけど大丈夫？」「どうしてこんな簡単な単語が覚えられないの？」などと、マイナスポイントばかりに目を向けて干渉しないようにしましょう。お母さん・お父さんのそうした言動は、思春期を控えた子どもたちには逆効果です。

子どもたちは、ただでさえ日々の授業やテストのなかで、日本型教育の「正解バイアス」にさらされ続けています。中学に進学すれば、その圧力はさらに高まるでしょう。現代の英語ネイティブなら誰も気にしないような瑣末《さまつ》なミスを取り上げる減点主義が、いまだにまかりとおっていることには、正直なところ憤りを覚えます。

この残念な状況が変わっていくことを願うばかりですが、せめてお母さん・お父さんは過去の悪しき慣習にとらわれず、**子どものよいところを伸ばすスタンスで、英語学習の環境整備に力を注いでいただければと思います。**

HINT 1 「散らかった英語脳」を整理しよう

JPREPキッズでは、音声ベースで基本的な表現をひととおりマスターする小学校3・4年生になると、英検準2級（高校中級程度）くらいには受かる子が出てきます。優秀な子だと、この段階で英検2級が取得できたりします。これはあとあとのことを考えると、かなりのアドバンテージなのですが、さらに実力を伸ばすためにはそれなりの工夫が必要になっていきます。

一方、英文法を学ぶといっても、まだこの段階では中学・高校で習うような複雑な内容に踏み込む必要はありません。**これまで身体で学んできたことが整理できる初歩的な教材**を選びましょう。おすすめのものをいくつかあげておきました。

Book

Grammar [Third Edition]（Jennifer Seidl / Oxford University Press）

ジェニーという10歳の女の子のストーリーを通して、文法が学べる4レベル（Starter／1／2／3）の教材です。イギリス英語をベースにしているので、アメリカ英語で学んでいる子には、少し馴染みのない表現が含まれています。

© Oxford University Press

Book

Scholastic Success With Grammar（Scholastic）

232ページでご紹介したものと同じシリーズで、5段階のレベルがあります。句読法、文の種類、品詞など、日本の学校で教えない文法の基礎部分を、ドリル形式で練習できる優れもののワークブックです。ネイティブ向けの教材なので、大人がサポートできる場合に使うようにしましょう。

© Scholastic

Web

Grammaropolis（Grammaropolis）

https://grammaropolis.com/

アメリカの小学生向けの、品詞学習に特化したサイトです。映像やゲームなどが無料で利用できるほか、YouTube でも動画が見られます。内容は少し難しく感じるかもしれませんが、眺めているだけでなんとなく品詞の役割がわかってしまう楽しいコンテンツです。

HINT 2

文法は「質問できる」を目標にする

英文法を学ぶにしても、紙と鉛筆だけのお勉強に終わらないことが大切です。文法テキストなどで体系的に学んだ表現を使って、英文をつくることを目指しましょう。とくにこの段階で大切にしていただきたいのが**疑問文**です。

「yes/no」で答えるタイプのいわゆるクローズドクエスチョンはもちろん、5W1Hの疑問詞を使った質問、さらには「How old are you?」だとか「How long does it take?」とか「What time is it now?」といった、**日常生活で必須の疑問フレーズをまとめて学んでしまう**のがいいでしょう。

文法を学ばなくても、子どもは自分のことを英語で語れるようになります。しかし、一方的な自分語りだけでは、現実のコミュニケーションは成立しません。目の前の相手に興味を持って質問を投げかけることは、人間関係を築いていくうえでも大切です。

また、相手の言うことを聞いて納得しているだけでも、真に知的な態度だとは言えません。とくに「なぜ（Why?）」の視点は、単なる語学力にとどまらない意味を持っています。

「なぜこのような自然現象が起きるのか？」「どうしてこんな歴史的事件が起きたのか？」というアカデミックな好奇心を育んでいくうえでも、**問いを発する力を基準にしながら、子どもの英語力を見守っていく**ようにしましょう。

HINT 3

お気に入り映画を「文章」で体験する

文法の学習が進みはじめたら、リーディング力についても伸びしろが生まれてきます。ある程度のまとまった文章を眺めたり、音読したりする機会をつくりましょう。とはいえ、前提知識がないままペーパーバックにいきなり挑んでも、おそらく挫折してしまう可能性が高いと思います。

そこでおすすめなのが、**映画化されたエンタメ性の高いコンテンツ**です。たとえば、映画『ハリー・ポッターと賢者の石』を観た子であれば、文章でも理解できるところがいくつか出てくるはずです。

実際、『スターウォーズ』シリーズの大ファンであるお父さんと一緒に映画や本を眺めているうちに、セリフを暗記してしまったという生徒がJ PREPにもいます。

次にあげた本は映像化されていて、なおかつ、日本語版の書籍も刊行されているものです。

まる一冊を読み通せなくても心配ありません。自分でページをめくりながら、「あ、ちょっと読めるぞ！」という体験をさせることが、のちの学習態度を大きく左右する自信につながります。

Book

Harry Potter: The Complete Collection（J.K. Rowling / Bloomsbury Publishing）

ご存知『ハリー・ポッター』シリーズ7冊のセットです。こちらがオリジナルのイギリス英語版ですが、単語や表現に編集を加えたアメリカ英語版をご希望であれば、6冊セットのThe Harry Potter Collection: Years 1-6（Scholastic）のほうをご購入ください。

© Bloomsbury Publishing

Book

Percy Jackson and the Olympians（Rick Riordan / Disney-Hyperion）

『パーシー・ジャクソンとオリンポスの神々』シリーズは、5冊セットのボックスが発売されています。ギリシャ神話に興味を持ったわが子のために原作者が書いた作品です。神話の教養は文化人類学などの基礎にもなるので、リベラルアーツ教育のきっかけとしても最適です。

Book

The Complete Chronicles of Narnia（C. S. Lewis / HarperCollins）

シリーズ第3作までがすでに映画化されている『ナルニア国物語』の原作です。いくつかの版元からいろいろなバージョンが発売されています。不思議な洋服ダンスとつながっている「ナルニア国」へ迷い込んだ4人の子たちの成長を描いた冒険物語です。

Illustration by Pauline Baynes
© copyright CS Lewis Pte Ltd 1950.

Book

Charlie and the Chocolate Factory（Roald Dahl / Puffin Books）

ティム・バートン監督、ジョニー・デップ主演で話題になった『チャーリーとチョコレート工場』の原作です。イギリスで人気の児童文学作家であるロアルド・ダールの作品は、ほかにも『ジャイアント・ピーチ（James and the Giant Peach）』や『BFG――ビッグ・フレンドリー・ジャイアント（The BFG）』などが映画化されています。

HINT 4

「文通・支援」で社会問題にも目を向けさせる

小学校高学年くらいになると、世界の国々や文化にも関心が向かうようになります。そんなときは、「自分と同年代の子たちがどんな暮らしをしているのか?」「紛争のなかにある子たちのために何ができそうか?」「世界中が平和に暮らすとはどういうことなのか?」などについて、親子で会話をしてみるのもいいでしょう。

その際に検討してほしいのが、たとえば**発展途上国の子どもを支援する活動に参加してみること**です。金銭支援や物資救援など、さまざまな形態があります。お小遣いのなかからわずか数百円でも支援すれば、海外だけでなく広く社会に目を向けるきっかけになるでしょう。

なかでもおすすめは、**現地の子どもに手紙が送れるプログラム**です。子どもが自発的に英語を「書く」機会にもなりますし、もしもそこから文通のやりとりがはじまれば、自分のことを伝えようとする意欲がますます高まっていくはずです。世界の歴史や文化、政情などに興味を抱く糸口にもなるでしょう。

「英語を学ぶ理由」は第一義的には「お子さん本人のため」であっていいと思いますが、**身につけた英語力を「他人のためにどう役立てるか」「国際社会のなかでどう生きていくか」という観点で捉え直す**ことも大切です。

「入試に受かること」だけが学ぶ理由になっている子は、学ぶこと自体を楽しめないまま成長してしまい、受験が終わった途端に学ぶことをやめてしまいます。しかしこれからの時代に本当に必要なのは、ただ単に幅広い知識を詰め込んでおくことではなく、生涯にわたって学び続ける姿勢と意欲を身につけることです。

「ただ英語ができるだけ」で終わらないためにも、ぜひ広い世界にお子さんの目を向けさせてください。

Web

フリー・ザ・チルドレン

http://www.ftcj.com

１９９５年、カナダ人のクレイグ・キールバーガーさん（当時12歳）が設立した国際協力団体です。

Book

Who Is Malala Yousafzai?（Dinah Brown / Penguin Random House）

２０１４年、17歳でノーベル平和賞を受賞したマララ・ユスフザイさんについての伝記。現在はオックスフォード大学で学ぶマララさんは、パキスタンで女性の権利を主張した結果、命を狙われることになってしまいました。同世代の生き方を考えるうえで、刺激になるであろう一冊です。

Chapter7

「英語で考える力」が身につく最高のサポート

英語力を「爆発」させるチャンス！

中学生や高校生から第二言語の学習をはじめた子と、それよりも早くはじめていた子とを比較した場合、「発音」などの面では最終到達レベルに差が出ることがさまざまな研究から明らかになっています。

同じことは留学についても言えます。たとえば大学の学部時代に1年間留学した人よりも、高校生のうちに留学を経験した人のほうが、発音はきれいになる傾向があります。

一方、**中学生以降から英語をはじめる場合には、学びの時間を「圧縮」できるというメリットがあります**。この時期には母語の能力（国語力）がひとまずの成熟段階を迎えますから、それを補助にして英語力のほうも一気に引き上げることができるのです。

ある程度の論理的な思考力が身についてきた子どもなら、構文はもちろん、品詞の種類や発音記号、抽象度の高い語彙など、ネイティブの子どもたちが10年以上をかけて理解していく知識を、ごく短期間で学ぶことが可能です。

ですので、中学生から本格的に英語をはじめるというお子さんでも、あきらめる必要はありません。**方法さえ間違わなければ、幼少期から学習をスタートした子に追いつくことは十分可能**です。

他方、それまでに「音」や「映像」を使って学んできたお子さんも、英語力を爆発的に高められるチャンスです。「どうせ文法なんて……」と軽視せず、子どもが前向きに取り組めるような環境を整えてあげてください。

▼中学進学と同時に「英語嫌いの子」は増えやすい

一方、この時期に再び注意すべきなのが、**英語嫌いにさせないこと**です。

ある調査[*01]が発表している「好きな教科・活動ランキング」を見ると、小学生では「外国語活動」の人気が3位とまずまずなのに対し、中学生の「英語」はなんと最下位です（2015年時点）。

＊01　ベネッセ総合研究所「第5回学習基本調査 DATA BOOK」

このデータによると、小学生の段階では「とても好き・まあ好き」の合計が77・6％で、かなり多くの子が「外国語活動」を楽しんでいることがわかります。しかし、中学生の「英語」になると、「好き・まあ好き」の合計は50・4％。**およそ半数の子が「英語は好きではない」と感じている**わけです。

いたずらに正解・不正解ばかりにフォーカスする授業・定期テスト・成績などが、思春期真っ只中の子どもたちの「英語嫌い」をどんどん加速させている可能性があります。もし小学校で「英語」が必修科目化されて、同じことが繰り返されるようでは、あまりにも残念です。

お母さん・お父さん、そして先生には、子どもが英語を好きでい続けられるよう、次の4点に気をつけながらサポートしてほしいと思います。

❶ 子どもが関心を持てる教材・素材を与える
❷ 机での勉強を強制しない（英語はソファやベッドでも学べる）
❸ 紙での勉強を強制しない（デジタルデバイスは優秀な学習ツール）
❹ 趣味・関心をベースにした英語体験を推奨する

この時期の子どもはやや放任くらいがちょうどいいのです。お子さんへの愛情を「静かな信頼」のかたちで示しましょう。

トップクラスの優秀な子どもたちを何人も見てきた経験からしても、**信頼に基づく見守り**こそが、**思春期の子を持つ親にとっての「最大の武器」**だと断言できます。

もう一つだけあえてつけ加えておきましょう。もしも学校や学習塾の旧態依然とした「英語」授業を受けたことで、お子さんが自信やモティベーションを失いかけていたら、親御さんは「あなたが家庭でやってきた／いる英語学習は間違っていない！」とぜひ励ましてあげてください。

塾で生徒たちの発音をどれだけ丁寧に矯正しても、翌週にはベタベタのカタカナ読みになって戻ってくる子が必ず何人かいます。本物の発音が恥ずかしくて、つい学校の先生やクラスメートの発音に合わせてしまうからです。周囲からの同調圧力に負けずに、それまで積み上げてきた英語の基盤を保つためには、親御さんの励ましが欠かせません。

▼TOEFL、英検……語学資格はどれがベスト？

一方、「英語嫌い」にさせないだけでなく、子どもがもっと英語に自信を持ち、英語が好きになれるサポートも大切です。そこで検討していただきたいのが、**語学資格**の試験です。

定期的に試験を受けることで、自分の英語力がどれくらいの位置にあり、どれくらい成長しているのかが把握できるようになります。一種のゲーム攻略のように楽しめば、学習のモティベーション維持・向上にとっても強い味方になります。

また、102ページで触れたとおり、今後は大学入試で民間の語学資格試験が利用できるようになる可能性は高いですし、海外大学でも、国際的テストのスコアを参考にするところは少なくありません。**大学受験という未来を考えても、資格試験に慣れておくメリットは十分にあります**。いくつか代表的な語学試験を紹介しておきましょう。

◆TOEFL《トーフル》

世界最大のテスト機関ETS（Educational Testing Service）が開発しているテストシリーズです。テストはすべて英問・英答であり、結果はスコアで示されます（合格・不合格ではない）。代表格のTOEFL iBT以外にも、小中学生向けの「TOEFL Primary」、中高生向けの「TOEFL Junior」があり、後者については、海外だけではなく、日本国内の大学入試でも活用がはじまっているのが魅力です。アメリカの学校に留学する際には、英語力の指標として用いられます。

まずは2技能（聞く・読む）にフォーカスしたペーパーベースのTOEFL Primary Step 1／Step 2を受けてみて、スコアを見ながらTOEFL Junior Standard（ペーパーベース・2技能）、さらにはTOEFL Junior Comprehensive（コンピュータベース・4技能）へとステップアップしていくのがおすすめです。

◆英検

言わずと知れたメイドインジャパンの語学資格です。5・4・3・準2・2・準1・1級の全7階級に分かれており、テスト結果で合否を判定する形式です。日本の学校教育に沿った出題がなされるので、試験対策がしやすいという特徴があります。3級以上では面接があり、形式上は4技能を測定するかたちになっていますが、国際的な知名度の点ではTOEFLに劣ります。

◆TOEIC《トーイック》

同じくETSが運営する国際的テストです。知名度は高く、あくまでビジネス向け英語のアセスメントですが、入試に取り入れている大学もあります。4技能型の受験も可能ですが、大多数の社会人受験者は2技能型を選択しています。よく言われる「部長に昇進するには730点必要」などという企業ごとの基準も、残念ながら2技能型のテストに基づいていることがほとんどです。

◆TEAP《ティープ》

日本英語検定協会が、大学入試改革の流れに合わせて上智大学と共同開発した「アカデミック英語能力判定試験」です。まだ歴史が浅く、国際的に通用する資格にまで育つかは未知数ですが、大学入試の「共通テスト」に採用されれば受験者は増えていくでしょう。すでに一部の大学の入試では利用可能です。

◆GTEC《ジーテック》

TEAPと同様、大学入試などでの活用を想定して、ベネッセコーポレーションが開発した「スコア型英語4技能検定」です。小中学生向けのGTEC Juniorと、中高生向けのGTECがあり、一部の中学・高校・大学の入試ではすでに利用されています。

◆IELTS《アイエルツ》

大学その他の高等教育機関への出願に必要な「Academic Module」、日常生活・仕事・移住関係に関わる「General Training Module」の2種類のテストがあります。イギリスやオーストラリア、カナダの大学を受験する際には、「Academic Module」が必要になります。日本では日本英語検定協会が窓口になっています。

▼「まともな英語塾」を選ぶ7つのポイント

「環境づくり」に困った場合は、塾などの外部教育機関を使うことも検討してみてください。「塾に行かせたほうがいい？　結局は自分の塾の宣伝ですか？」なんて言われてしまいそうですが、**SLAのモティベーション理論でも、「仲間の存在」は大きな要素として考えられています。**仲間と一緒に切磋琢磨する空気があることで、子どもはやる気を維持しやすくなります。[*02]

「プロの手を借りる」というオプションは、子どもの英語力を効率的に伸ばすうえでは王道中の王道です。何より、僕自身がそう信じているからこそ、「英語教育のプロによる指導が受けられる場」を実際につくったわけです。

そこでここでは、**「まともな英語塾」を選ぶときの、僕なりの7つの基準**をご紹介しておきたいと思います。体験教室や説明会などを受ける際の参考にしてみてください。

❶ 音をベースにした指導を大切にしているか——文法偏重の学校授業の「先取り」をやるだけなら、長期的にはプラスの影響を期待できません。カリキュラムに音声学習が組み込まれているかどうかチェックしましょう

❷ 日本人の講師がいるか——日本人の発音のクセや子どもの学校生活を理解できる指導者は不可欠です

❸ 英語ネイティブの講師がいるか——いない場合、そもそも運営側に外国人講師のマネ

＊02 Ryan & Deci, 2000; Noels et al., 2000

ジメントをするだけの英語力がない可能性すらあります

❹ 学年ごとのクラス分けにしていないか――一人ひとりの英語力にフォーカスしている塾は、安易な「学年別」ではなく、「できること別」のクラス分けにしています

❺ 授業時間の長さは十分か――見識ある指導者なら、週1時間程度の授業では足りないとわかるはずです

❻ 宿題とフィードバックが十分か――家庭での学習をどれくらい重視しているかの指標になります。宿題を出しっぱなしにして、まともにチェックしようとしないのも無責任です

❼ 学校の成績にもプラスか――いくら「英語力が高まる」と謳っていても、生徒の成績が上がらなければ意味がありません。ある程度のお金をかける以上、「結果」への責任を意識している塾を選ぶべきです

Stage 7

英語の「全文法」をマスターする

——Grammar Based Approach

AGE 12-15

「英文法に6年」なんて時間のムダ……

母語能力が一定の完成を見る中学生くらいの時期に、文法などのロジカルな学習が有効になることはすでに触れたとおりです。

日本語の語彙力、文章構成力、読解力の成長と足並みを揃えれば、英語の学習期間をコンパクトに凝縮するチャンスが手に入ります。なお、ここで僕が「文法」と呼んでいるものは、高校での学習範囲も含めたもの、つまり、**大学入試にも対応可能な英文法**にほかなりません。

「え？　それはちょっと中学生には荷が重すぎませんか？」

中高6年かけて文法をひたすら学んできた大人からすると、そんな印象でしょうか。しかし、この時期の子どもの学習能力を軽く見てはいけません。

かつての学校教育が勝手に「関係代名詞は中学生向け、関係副詞は高校生向け」などと決めていただけであって、中高の範囲区分はそもそも言語の本質とはほぼ無関係です。

文法というのはしょせん、文をつくるときのルール。**「高校生には理解できるけど、中学生には理解できない」などというものはありません**。

むしろ、文法学習そのものはさほど楽しいものではありませんから、時間をかけてダラダラとやるよりも、短期集中で終えてしまい、あとは実際に英語を使ったり味わったりしながらじっくり定着させていくほうが、学習戦略としてもいいのです。

ただし、**テストで得点をとるために必要な文法知識と、実際に英語を使うときに役立つ文法知識は違います**し、どちらに軸足を置くかによって、学習アプローチは大きく変わってきます。テスト対策も大切ですが、それでもまずは後者にフォーカスすべきです。

実際、僕はＪＰＲＥＰのカリキュラムを、中学3年間のうちに基本的な文法をすべてマスターするように設計しています。

学校教科書とはまったく違う進み方をするので、最初はけっこう驚かれるのですが、最終的に学校の定期テストで困る生徒はいません。「実践のための英文法」を一気に学んでおけば、テストの直前対策は最小限で済むということは、ＪＰＲＥＰの生徒たちですでに実証済みです。

▼早期に文法をマスターすると、なぜ「おいしい」のか？

中学生で基礎的な文法をマスターしておけば、いいことづくめです。

何よりもまず、**高校生になったときに、大学入試の受験勉強が圧倒的に楽になります。**「英語」科目の受験対策がほとんど不要になるので、勉強時間をほかの科目に割くことができます。受験生にとっての「英語」は、最も勉強時間を食う科目の一つでしょうから、その負担が軽減されるのは相当なメリットです。

海外大学の受験を考えるのであれば、なおさらです。英語の基本的な力は大前提にしつつ、その大学で求められる要件（思考力、文章力、学生時代の活動実績など）に磨きをかけていけるのが理想です。

さらに、中学生のうちに文法の基盤が完成していれば、高校生以降はリスニングにしろリーディングにしろ、大量の英文を消化できるようになります。つまり、**「英語を学ぶこと」に煩わされず、「英語で学ぶこと」に没頭できる**というわけです。

英語だろうと日本語だろうと、自分の好きな分野について、自ら本を選んで、読んだり調べたりする経験をしない限りは、本当の意味での「頭のよさ」は身につきません。大学生になるまで、入試の問題や教科書に出てくる中途半端な「長文」しか読んだことがないというのでは、あまりに寂しすぎます。「本当の知性のための英語力」をお子さんに手に入れてほしいのであれば、このタイミングで文法をひととおり学べるようにサポートしましょう。

▼中学以降は「シャドーイング」が最強である理由

子どもが英語学習をスタートする年齢が遅くなればなるほど、文法などの明示的知識から入るアプローチが有効になります。すでに成長している母語（日本語）の理解力をテコにして、先に学習をはじめていた子どもたちにキャッチアップしていくことができます。

一方で、**文法学習はあくまでもショートカットのための補助手段であり、「畳の上の水練」にすぎない**ことは忘れてはなりません。従来型の「受験英語脳」にならないためには、音声や映像を使ったエクササイズの時間を同時並行で確保していく必要があります。

中学生以降の学習フェーズでも、基軸になるのは「音」です。**中学から初めて英語に触れる子どもでも、まずはフォニックスを徹底的にやる**ようにしてください。ＪＰＲＥＰのコアカリキュラムは、１回の授業が３時間と長めですが、文法に割くのは１時間程度。残りの時間は「音」の学習が中心です。

一方で、中学から本格的に英語をはじめる子どもに、ぜひおすすめしたいのが**シャドーイング**です。この方法はとくに**映像**の教材と組み合わせると効果的です。

大人の語学学習においても、もはやかなりメジャーな語学学習法となっているシャドーイングですが、念のため説明しておきましょう。

シャドーイングとは、**音声が聞こえてくると同時に、それを真似して口に出すだけの、非常にシンプルなトレーニング**です。「同時」とはいっても、多少は遅れが生まれますから、まさに影（shadow）のように、音を追いかけていくかたちになります。

ただ口に出すだけでなく、言い方や感情の再現も意識すると、より効果が高まることがわかっています。ある程度フォニックスの基礎ができ、初級文法が定着してきたらぜひ挑戦してみましょう。

最初は、英文テキストと音声素材がセットになった教材からはじめるといいでしょう。

安河内哲也先生の『大学入試　英語長文ハイパートレーニング　レベル1［超基礎編］』（詳細は280ページ）は受験参考書ではありますが、聞き取りやすい音声のなかに適度なポーズが設定されているうえ、スラッシュで区切られたテキストも用意されており、おすすめできます。

次の6ステップはどちらかというと、中学生から英語を習いはじめた生徒を指導するときに、このテキストを使って僕がよくやる方法を下敷きにしています。

❶ ポインティング――ナチュラルスピードの音声を聴きながら、英文テキストを指でなぞっていきます。意味がわからなくても気にする必要はありません

❷ リピーティング――「速読トレーニング」のスラッシュつきテキストを見ながら、音声を再生します。ポーズのところで英文を声に出して繰り返します（必要に応じて数回行う）

❸ 解説を読む――英文の解説はすべてわからなくても大丈夫です。また、赤字で書かれた解説で納得できないとき以外は、英文の和訳は読まないようにしましょう。英語を英語のまま理解することが目的なので、日本語訳を考える必要はありません

❹ オーバーラッピング――いわば「かぶせ読み」です。英文テキストを見ながら、ナチュラルスピードの音声を再生し、音声と同じ速度で同時に音読します。英語音声と同じリズムやイントネーションで発音することを意識しましょう

❺ シャドーイング――ポーズ付き音声を再生しながら、テキストを見ずに聞こえた音声

をほぼ同時に復唱します（必要に応じて数回行う）

❻ リフレクション――振り返りです。つっかえたところやうまく言えなかったところ、よく理解できなかった箇所をもう一度振り返りましょう。もしわからない単語があれば、辞書で意味を調べます。文法項目で理解できない場合は、学校の先生に質問したりして、解説ページの余白にメモを取りましょう

▼「映像×音読練習」で英語脳をつくる

前述のやり方にだんだん慣れてきたら、音声だけではなく、**動画を使ったシャドーイングを練習する**ようにしましょう。

語学力とは、特定の「状況や概念」と「言葉（語彙や文法）」との対応関係を自分のなかに溜め込み、それを組み替えて再表現する能力にほかなりません。それを第二言語として獲得するためには、すでに解説した「赤ちゃんによる言葉の学び方」がヒントになります。もう一度おさらいしておきましょう。

❶ 一定の「状況」を「目」で見ながら、
❷ 変化する「音」を「耳」で聴き、
❸ 同時に「発声」を「口」で行う

この3つを同時に満たしている映像シャドーイングは、まさに最強の語学学習法です。お子さんだけでなく、お母さん・お父さんもぜひお試しください。その効果に驚かれることと思います。

映像シャドーイングをやる際には、次の3つに注意してください。

❶「わからないまま」練習しない

単なるおうむ返しでは、シャドーイングの効果は最大限に発揮されないことがわかっています。**「そのコンテンツが学習者にとって理解可能なものであるか」**が大きなポイントになってくるのです。

そのため、映像中で何が語られているのかをあらかじめざっと確認したり、大まかな意味を調べたりしてから、練習を行ったほうが学習効率は高まりやすくなります。ハードルが高いように感じたら、まずは「日本語字幕」や「日本語音声吹き替え」でコンテンツの大きな流れをつかんでおくといいでしょう。

❷「同じコンテンツ」で繰り返す

長い映像をただ漫然と見たり、次から次へと素材を変えるのではなく、**練習用のシーン（30秒程度）を決めて、そこを何度も違うアプローチで勉強していくスタイル**にしましょう。繰り返すことで、英語の口（＝発音のよさ）と英語の耳（＝リスニング）を同時に高めていくことができます。

❸「ものまね」をする

なるべく**ナレーターや登場人物のしゃべり方を再現する**ようにしましょう。子育てをした方であれば、言葉を覚えはじめた子どもが、お母さんそっくりの口ぶりで話したりして、ギョッとした経験があるはずです。言葉を確実に覚えるうえでは、ただ言葉をなぞるだけでなく、**「その人になりきって」声に出す**ことが重要です。

以前に比べて僕たちは、ニュース、ドキュメンタリー、映画、アニメ、音楽ビデオなど、さまざまな英語映像にアクセスしやすくなりました。テレビ番組やDVDだけでなく、インターネットを使えば、子どもが興味を持てる映像を簡単に検索できます。しかも、語学学習の観点からすれば、反復して視聴することができるという点も魅力です。

▼「海外旅行」「ホストファミリー」も立派な環境づくり

中学生ともなると、親と一緒に英語を学ぶのを嫌がる子のほうが多いと思います。そんなときはお母さん・お父さんは下手に干渉したりせず、環境や機会を与えることに集中しましょう。

そんなご家庭にとっては、**英語圏への海外旅行**はすばらしいアイデアだと思います。わが家の娘も、反抗期だったころは親と一緒に出かけたがりませんでしたが、それでも家族旅行は別物とばかりに思いっきり楽しんでいました。当時はそんな姿を見て、なんだかホッとしたような気になったものです。

本格的に英語の授業がはじまったタイミングで、お子さんが「本場で自分の英語が通じた!」という手応えを得られるなら、こんなにすばらしいことはありません。**「やっぱり勉強していてよかった!」「もっと話せるようになりたい!」**という気持ちは、学習のモティベーションにもつながります。

一方、費用面やスケジュール面を考えると、なかなか気軽に海外旅行というわけにいかないのも事実でしょう。そんなときは「**ホストファミリー**になること」をぜひ検討してみてください。

以前から日本では、海外からの留学生を受け入れる家庭が非常に少ないという課題があります。自治体や学校でも募集情報を出しているかもしれませんし、インターネット上にも留学生と日本の家庭をマッチングするサービスがあります。お住まいの地域名と「ホストファミリー」「国際交流」などで検索をかければ、かなりの情報が得られると思います。

僕が14歳だったころ、山形にある伯父宅でも、アメリカ人の留学生を受け入れたことがありました。ペンシルバニア州から来た医学生のデイビッドさんという方です。NHKのラジオ番組で身につけた英語力をフル動員して、彼と初めて会話が成立したときは本当に感動しました。

外国人などほとんど見かけない田舎でしたから、親戚一同を含めても、アメリカ人と話したことがある人など誰もいません。「おい、淳が英語を話しているぞ！」と周囲が驚いてくれたのがとても誇らしく、彼の滞在中は僕がみんなの通訳係を買って出ました。当時の僕にとっては、これが大きな自信につながったのです。

せっかく家族で英語を学ぶのですから、小学校高学年〜高校生のあいだに一度くらいはホストファミリーを引き受けてみるのもいいのではないでしょうか。

▼「地方公立中」から「イェール大」へ行った勉強法

さて、本書のメソッドは学校英語に沿ったものではないので、とくにこれくらいの時期のお子さんをお持ちの方は、「学校の授業と関係ないことをやっていたら、テスト得点や成績が下がったりしないか？」などと心配される方もいるかもしれません。

すでに書いたとおり、思春期の子どもは「やや放任」でいいというのが僕の考えではありますが、右のような心配からどうしても子どもの学習に干渉したくなる親御さんもいるでしょう。そこを安心していただく意味で、僕自身の学生時代のことを少しお伝えさせてください。

僕が本格的に英語を勉強しはじめたのは、中学2年生のときです。まずやったのは、NHKラジオの「続基礎英語」と「英語会話」という2つの番組を聞くことでした。とはいっても問題集を解くようなことはせず、とにかく音声を復唱したり、質問に答えたりというシンプルな練習をしていただけです。

いま思えば、音声にフォーカスした練習に集中できたことが、結果的にはとてもよかったと思います。これを1年にわたって継続した結果、中2の終わりごろには中3までの学習範囲をすべてマスターしていました。

そこで中3からはじめたのが、英語版「Newsweek」の多読です。これは、市立図書館でたまたま手に取った松本道弘先生の『「タイム」を読む――生きた英語の学び方』（講談社現代新書）の影響でした。貯めていたお小遣い6000円ほどを出して、半年間の定期購読を申し込み、自宅に毎週郵送されてくるようにしました。

1週間に1本ずつ記事を決め、辞書を引きながら読むようにしていましたが、もちろん、中学生の英語力では全部が理解できるわけではありません。

「had ＋過去分詞」の過去完了形など、知らない文法項目が出てきたら、「たぶんこれは現在完了形（have ＋過去分詞）の変形版なんだろうな……」などと想像しながら、当てずっぽうで読んでいました。このときも、読んだ英文を「和訳」しなかったのが、長い目でみればとてもよかったと思います。英語を英語のまま理解する習慣が身についていったからです。

「よくわからないテキストを、よくわからないまま大量に読む」という習慣の効果は、高校生で一気に開花しました。過去完了や仮定法過去完了など、大学受験用の文法項目を授業で説明されても、（明示的なかたちではないにしろ）すでにそれらには触れてきていたので、ほとんど理解に苦労することがなかったのです。

高1のうちに受験用の基礎文法は独学で終えてしまったため、高2以降は、引き続き「Newsweek」を読んだりしながら、さらにはペーパーバックの文学作品に手を出したり、ひと足先に留学した同級生からもらったアメリカ史の教科書に挑戦したりしていました。

僕が通ったのは地元の公立中学・高校であり、何か特別な指導を受けたわけではありません。ただ、斉藤少年がやってきたのは、学校英語や受験対策の流れとは異なる（むしろまったく逆の）学習法でした。しかし、いま振り返ってみて幸運だったのは、これらがSLAで提唱されている原理と照らし合わせても、かなり整合的だったことです。

その結果、大学入試の「英語」では苦労しませんでしたし、つねに心強い得点源になってくれました。その後、アメリカに留学して博士号をとり、教壇に立つまでになれたのは、たまたま中学2年からはじめた「適切な勉強法」のおかげだったのではないかと思っています。

HINT 1

なりきって「映像シャドーイング」しよう

映像シャドーイングでは、「わかりやすさ」を優先するあまり、幼稚すぎるコンテンツを選ぶのはあまり得策とは言えません。子どもが興味を持てないものを見せるくらいなら、**多少理解できない構文や語彙が含まれていようとも、子どもが楽しめることを大切にしてください。**

海外のサイエンス番組やドキュメンタリーなど、いわゆるノンフィクションのコンテンツがベターですが、ちょっと難しすぎるかなと感じたら、映画やドラマ、ディズニーなどのアニメでもかまいません。

それ以外のコンテンツ選択の基準としては、**字幕**や**スクリプト**（文字起こししたテキスト）教材があるかどうかも重要です。ＣＤ教材などとは違って、シャドーイング学習用に再編集された映像はまだ残念ながらありません。映像を選ぶときは、練習しやすいコンテンツかどうかも意識するようにしましょう。

幸い、アメリカで制作されるコンテンツのほとんどには、耳の不自由な方への配慮から、英語の字幕（**クローズドキャプション**、通称ＣＣといいます）がつけられています。ＤＶＤ以外にも、Hulu や Netflix、Amazon ビデオなどのオンライン配信の映像コンテンツにも、ＣＣに対応しているものはけっこうあります。

ＣＣを活用し、映像シャドーイングを次の４ステップでやってみましょう。

❶ まず映像全体を「英語音声・字幕なし」で見ます。概要を把握したら、30秒ほどの練習用シーンを選びましょう（シーンが登場する時間をメモすること）

❷「英語字幕あり」でそのシーンを見ます。スクリプトがある場合は、映像と並行して指でなぞりながら英文を確認（ポインティング）。字幕やスクリプトがない場合は、繰り返し聞いて、可能な限り英語を聴き取ったあと、英文をディクテーション（書き取り）しましょう。自信がないときは、ネイティブや学校や塾の先生に相談してください

❸英語字幕やスクリプトを見ながら、練習用シーンの映像と一緒に声を出すオーバーラッピング（かぶせ読み）練習をやります。字幕・スクリプトがない場合は、ディクテーションしたテキストを使いましょう

❹練習用シーンを再生しながら、シャドーイングをします。字幕やスクリプトなどの文字は見ないようにしながら、聞こえた音をほぼ同時に声に出す練習をしましょう。最初は難しくても何度か繰り返すうちに慣れていきます

ここまでが基本メニューですが、肝心なのは画面の前での練習だけで終わらせないこと。そこで発展編のエクササイズとして、さらにこんなことも取り入れるようにします。

❺普段の生活のなかで、練習用シーンの映像を思い出しながら、英文を声に出してみましょう。もちろん、映像もテキストも見ないようにします。通学途中に歩いているとき

でもいいですし、電車のなかなど周りが気になるときは、声を出さずに心のなかで呟いてもかまいません

⑥ 練習した英文を応用しましょう。英文の一部を「発音の似た単語」に言い換えたセンテンス（英語では pun と言います）を言ってみたり、自分のことを表現するのに使ってみます。なお、このような練習を繰り返す際に大切なのは、通じるか通じないか、文法的に完璧かどうかは気にしないで、とりあえず声に出してみることです

最後に、おすすめのシャドーイング教材・素材です。ＤＶＤはすべてディズニーのコンテンツですが、子どもに見せたり聞かせたりしたくない言葉や描写を排除していたものばかりなので、子どもの学習にも安心して使えます。

Book

大学入試 英語長文ハイパートレーニング レベル１【超基礎編】（安河内哲也／桐原書店）

初めてシャドーイングをやるときに最適な教材です。付属ＣＤには本文に対応する２種類の音声（ナチュラルスピード／ポーズ付スロースピード）が収録されています。大学入試用の教材ではありますが、２６８ページのような使い方をすれば、英語力そのものを鍛える目的にも役立ちます。

©桐原書店

シャドーイング練習で出てきた表現は、通学時やお風呂などでも声に出してみると、英語が滑らかに出るようになります。

DVD
ウェイバリー通りのウィザードたち　ザ・ムービー（ウォルト・ディズニー・ジャパン）

ディズニーチャンネルの「Wizards of Waverly Place」シリーズが元になっている映画です。見習い魔法使いの3兄妹が、魔法使いの父親からレッスンを受けつつ、一人前の魔法使いを目指して日々格闘するストーリーです。

DVD
ハイスクール・ミュージカル（ウォルト・ディズニー・ジャパン）

人気のテレビシリーズで、高校を舞台にしたミュージカル映画です。シリーズ第3作までがあります。高校生の日常表現を学ぶうえでも最適です。

DVD
ハンナ・モンタナ（ウォルト・ディズニー・ジャパン）

普通の学生生活を送る一方、じつは大人気アイドルスターとしての顔も持つ女の子のストーリーです。中高校生の日常がベースにある物語なので、同年代のネイティブが使う英語表現を知ることができます。

HINT 2

中学3年間で英文法をコンプリート！

文法学習については、年齢や学年で無意味な限界をつくらず、全部終わらせるつもりでどんどん進めてしまいましょう。

ＪＰＲＥＰのコアカリキュラムでは、最初の1年で中学1〜3年生の文法事項を一旦すべてカバーするようにしています。2年目で高校1年生レベルの文法を加えて学習し、3年目にもう一度、同じように全体を復習します。

ある程度の英語力がベースにある子なら、**海外の出版社が発売している文法書**もおすすめです。日本の参考書にありがちな「留学生のケイトに日本文化を紹介しよう」といった**不自然な素材で文法を学ぶくらいなら、ネイティブが考えたごく自然な英文に親しむほうが、より実践的な文法力が身につきます。**

これらの文法書は、もちろん英語で書かれていますが、英語圏の大学に留学する非ネイティブの学生向けにつくられているので、それほど難しくはありません。たとえば前置詞 on と over の違いをイラストでわかりやすく図説するなど、非常にうまいつくり込みがなされています。

世界中の英語学習者たちが評価してきた文法テキストの良書をいくつか紹介しておきました。ぜひ参考にしてみてください。

Book

Grammar in Use（Cambridge University Press）

世界中で評価を受け、30年以上も読まれ続けている文法の基本的な学習テキストシリーズ。非ネイティブ学習者がやりがちな間違いのデータベースをもとにして練習メニューが構成されています。文脈のなかでの細かな使い分けなどが受験用参考書に比べて豊富で、「使える英語」を身につけるうえでは最適な一冊です。ほとんどにｅｂｏｏｋが付属しています。

●アメリカ英語版

・Basic Grammar in Use（初級／ＣＥＦＲ Ａ１～Ｂ１レベル）

・Grammar in Use Intermediate（中級／ＣＥＦＲ Ｂ１～Ｂ２レベル）

© Cambridge University Press

●イギリス英語版

・Essential Grammar in Use（初級）
・English Grammar in Use（中級）
・Advanced Grammar in Use（上級）

Book

Active Grammar（Cambridge University Press）

こちらも定評のあるCD付きの文法テキストシリーズです。レベル別に3冊に分かれており、まずは1からスタートするのがおすすめ。文法紹介・説明・練習問題の3部構成で、日本人にも馴染みやすくなっています。

© Cambridge University Press

HINT 3

「一冊を読み通せた！」という自信を持たせよう

文法と並行して進めたいのが、リーディング力の養成です。日本の受験英語・学校英語では、中学校はおろか高校でも、「長文」とは名ばかりの限られた分量の文章に触れておしまいということがほとんどです。

これでは英語が読める水準には、決して到達できません。誤解を恐れずに言えば、**本当の英文読解力とは「本」を読む力**です。つまり、大きな文脈を持った一定量のテキストの趣旨を素早く大づかみにし、その正否を判断する能力です。

この力があれば、ニュース記事だろうと、ビジネスメールだろうと、学術論文だろうと、読解でつまずくことはありません。ぜひ中学生のうちに「英語の本を一冊読み通した」という体験をさせてあげてください（国語についても同様の議論が成り立ちます）。

本を選ぶときに参考にするといいのが、**レクサイル指数（Lexile Framework for Reading）**という基準です。これは英文の難易度を表す数値であり、内容の難しさはもちろん、語彙数や構文の複雑さなどをもとに計算されています。

アメリカでも、多くの子どもたちがこのレクサイル指数の判定テストを受けています。英語で書かれた子ども向けの本のほとんどには、レクサイル指数が記載されているので、子どもたちは自分の読解力に合った本を選びやすくなっています。

とはいえ、わざわざお子さんに判定テストを受けさせる必要はありません。たとえば、次のＷＥＢページでは、サンプルテキストで自分のレクサイル指数が大まかに把握できるうえに、「レクサイル指数から本を探す」のリンクからは、読解力に合った書籍を一瞬で検索できるようになっています。

Web

Lexile 洋書（Amazon Japan）

https://www.amazon.co.jp/b/?node=3948232051

そのほか、おすすめのリーディング素材と、その際に傍に置いておきたい辞書をあげておきました。これらは教養も同時に高められそうなコンテンツが中心になっていますが、「好き」「興味」を大切にすることも忘れないでください。**マンガが好きな子であれば、日本の人気コミックの英語版を入口にしてもいいでしょう**。

僕自身も中学生のころには、洋楽を聴きはじめたこともあり、歌詞カードにどんなメッセージが込められているのか、貪るように読み込んでいた記憶があります。

Book

Oxford Bookworms Library（Oxford University Press）

7レベルに分かれたシリーズ教材です。本を読むのに慣れていなければ、レベル1からスタートしましょう。内容理解度をチェックできるアクティビティが巻末についています。レベル4くらいまでいくと、「読める！」という手応えがかなり出てくるはずです。音声もありますので、必要であれば補助として利用してください。まずは1冊ずつ読み切っていくことを目標にしましょう。

© Oxford University Press

Book

Pearson English Readers（Pearson）

こちらも7レベルに分かれていますが、まずは1からスタートしていきましょう。文学や伝記から映画のノベライズものまで、コンテンツの種類も豊富で、音声CD付きのタイトルもあります。それぞれのレベルで使われる文法項目や、テストスコアとの対応表がこちらのサイトから確認できます（http://www.pearson.co.jp/catalog/pearsons-graded-readers.php?lang=ja）。ひとまずはレベル4（英検2級程度）を目指してみましょう。

© Pearson

Book

Who Was?（Penguin Random House）

現在120以上のタイトルがある伝記シリーズです。たとえば『Who Was

Steve Jobs?』は、生い立ちから亡くなるまでが100ページちょっとの文章にまとめられています。対象年齢はネイティブの9~12歳。レクサイル指数でいうと660Lですが、初心者には読みやすい単語で書かれています。ほかにも『What was?』や『Where was?』のシリーズがあります。

Cambridge Advanced Learner's Dictionary with CD-ROM（Cambridge University Press）

正統派の英英辞書にアップグレードするならこの一冊。すべての語のイギリス英語版とアメリカ英語版の音声が聞けるCDが付属しています。

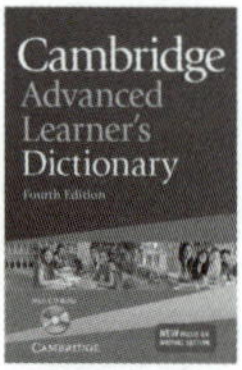

© Cambridge University Press

Collins Cobuild Basic American English Dictionary（HarperCollins）

英英辞書にトライしたい人への最初の一冊。イラストも多く含まれていて、とても見やすいレイアウトです。フルセンテンスによる定義なので、用法も同時に学べます。

HINT 4

「間違いを気にせず書く」体験をさせよう

シャドーイング、文法学習、リーディングとお話をしてきましたが、この時期には文字での表現、つまり**ライティングのトレーニングも同時に進める必要があります。**

自宅学習だけでライティング力を高めようとするのは、現実的に考えて少々無理があると感じる方もいらっしゃるでしょう。さきほどご紹介した僕自身の学習遍歴を振り返っても、「4技能型の実力養成」という点で見れば、もっと作文のトレーニングを受けられればよかったのに、と思うことがないわけではありません。

当時、自分なりに英文を書いたりはしていましたが、ネイティブスピーカーのALTが学校に常駐しているわけでもなかったので、添削を受けることもできず、自分の英文がどこまで本物なのか自信を持てないでいた記憶があります。SLAの研究者たちのあいだでも、作文の添削指導に効果があるのかどうかについて、論争が繰り広げられたことがあります。[*03]

＊03　Nassaji & Kartchava, 2017; Sheen, 2010

しかし、実際の教育現場を見ている立場から言えば、とくにスピーキングやライティングの能力を磨く際には、**テクニック論以前に、メンタルブロック（心のブレーキ）をいかに外していくかが重要**になります。[＊04] 僕から見れば、もう十分に英文を書ける力はある子なのに、先生に「さあ、書きなさい」と言われると、文法的なミスを気にして、なかなかペンが動かないという生徒がいます。

多少間違いながらでも、とにかく英文を書く練習を続けたほうが、ライティングはうまくなります。もちろんJ PREPでも添削指導を大切にはしていますが、先生からの指摘をすべて体得して応用できるようになるには、それなりの時間がかかります。**まずはどんどん文章を書くことを目標にすべきです。**

そのためにうってつけなのは、**ペンフレンド**です。海外に住む同年代・同性の友人であれば、間違いを恐れずに文章を書けたというケースはよく耳にします。さらに同じアニメが好きだとか、同じ音楽ユニットのファンだとかいうように、**共通の趣味や関心があれば、子どもも「何が何でも英語で伝えたい！」という姿勢を持ちやすくなります。**

子ども同士でペンフレンドをマッチングするサービスなども使ってみてください。

＊04 Krashen, 1985

さらに、ひと昔前の国際郵便とは違って、いまならSNSやEメール、チャットがありますから、リアルタイムに気軽なコミュニケーションがとれてしまいます。もっと言えば、国際電話に高いお金を払わなくても、無料で音声通話・ビデオ通話だってできる時代です。

同年代のペンフレンドがライティングの作法を指導してくれることはあまり期待できませんが、メンタルブロックを外して、文章をどんどん書くトレーニング機会としてはすばらしいのではないでしょうか。

学校で「英語」の授業がはじまり、とくに受験勉強の時期に入ってくると、どうしてもペーパーテスト的な「文法的に正しい英語」の価値観が子どもにも入り込んでしまいます。しかし翻って、僕たちが母語として書いたり話したりしている日本語は、どこまで文法的に正確でしょうか？

僕のように何冊も本を書いてきた人間であっても、新聞の論説記事などを寄稿すれば、新聞社のデスクから真っ赤に添削されることがあります。**文章力は「正解／不正解」で簡単に割り切れるものではなく、たえず磨き続けていけるスキル**なのです。

ですから、子どもが英語のライティングをする段階では、細かい文法項目よりもむしろ、文章の着想や内容・展開に注意を傾け、そのすぐれたところを積極的に褒めて伸ばしていくことが大切です。

Web

青少年ペンフレンドクラブ（PFC）

http://www.pfc.post.japanpost.jp/

日本郵便が運営。国内海外の文通相手を紹介してくれるサービスです。個人会員としても団体としても入会可能です。

英語で「知性と教養」を磨く
——Content and Language Integrated Learning

AGE 15–18

英語について学ぶことはもうない

いきなり身も蓋《ふた》もないことを言うようですが、この段階で大人にできることは、もはやほとんどありません。

もしこれまでの内容をお子さんが継続していれば、もはや高校生の段階では「英語を学ぶ」フェーズはほぼ終わっているはずです。ここから先は特殊な学習メソッドは何も必要ありません。**それまでに手に入れた英語というツールを使って、あとはどこまで遠くまで行けるか**——それが問われる地点まで来ています。

また、もし現役高校生のお子さんが、まさにいま英語で遅れをとっているのだとしたら、フォニックスとシャドーイングの存在を教えてあげてください。これらを徹底的にやり直すだけで、学習効率が一気に高まると同時に、苦手意識を克服する糸口がきっと見えてくると思います。

CLILで「語彙力」は磨かれ続ける

ではここから先は何をすればいいのでしょうか？　言うまでもなく**「英語を学ぶ」から、「英語で学ぶ」への本格的なシフト**です。

この本のスタート地点をもう一度思い出してください。本書が目指していたのは、**日常会話の英語力（BICS）**ではなく**学習言語能力（CALP）**、「ただ英語がしゃべれる子」ではなく「本当に頭がいい子」でした（95ページ）。そのためには、英語を身につけて終わり、ではいけません。身につけた英語を使って、知的なインプット／アウトプットの機会をどれだけ継続して学習に取り込めるかが重要になってきます。

CLIL（Content and Language Integrated Learning）は、まさにこの発想をベースにした学習アプローチです。ひととおりの英語力が身についたのなら、いつまでも英語の「素振り」ばかりをしているのはムダです。実際の打席に立って、レベルの高い英語コンテンツに勝負を挑むべきです。

「大学入試に役立つコンテンツかどうか」も気にする必要はありません。大学生が読むような人文科学、社会科学、自然科学の入門書、さらには世界的な文学作品などにも、どんどん手を出してほしいと思います。

英語が学習言語能力に到達したなら、今度は実際に学習しながら力を蓄えていけばいいのです。とくに、**インターネットで英語の情報にアクセスできるようになっておくと、大学でも企業でも、将来的にたくましく活躍していくうえでの基盤になります。**

そうするなかで、自ずとボキャブラリー数も増え、マイナーな文法知識も深まっていきます。その意味で、英語力がさらに磨かれる余地はまだまだあります。しかし、それはあくまで結果論。主眼は「実践」にあるのです。

また、日本語を捨てておいていいわけではありません。本を読む、親子で議論する、地域で取材する、そうした調べ物学習を行ううえでは、当然、日本語のほうが選択肢は広がります。子どもたちの学びを英語に限定する必要はないのです。母語でできることは母語で、貪欲に挑戦を続けてほしいと思います。

「余裕のある子」は英語で育つ

いま、大学入試改革の動きがある一方で、全体として見れば、いまだに「勉強＝試験対策」という風潮が支配的であるのも事実です。試験は対策さえすれば、理解度が低くてもある程度の点数が取れてしまうという「お節介」な性質があります。結果として、「試験対策としての勉強」をやりすぎた子どもには、「点数は取れるが、実力（知力）が伴わない」というパラドックスが生まれがちです。

これが露見するのは、大学や会社に入った〝あと〟のことです。どれだけ忙しく勉強をして小手先の学力を磨いても、知力を磨き続ける習慣が身についていないせいで、壁にぶつかる子は少なくありません。

他方で、ここまで語ったメソッドを、小学校3・4年からずっと継続した子がいるとしましょう。その子は高校1年生の段階で、センター試験「英語」の得点が9割を楽々と超えます。国公立大の2次試験を解いてみても、さほど面食らうこともないはずです。

また、外国語習得のプロセスを通じて、論理的な思考力も磨かれているので、「国語」や「数学」の勉強もずいぶんと楽になっていると思います。未知の事柄に向き合う知的態度が醸成されており、「社会」や「理科」の学習にもさほど抵抗がありません。

こうして、**受験という〝締め切り〟に追われながら「やむを得ず学ぶ」のではなく、学ぶことが楽しくて仕方がない、とても理想的な状態**がお子さんのなかに生まれます。大学に行くにあたって、この下地があるとないとでは大違いです。

思春期はただでさえ悩みが多い時期です。にもかかわらず、日本の高校生たちは、学校の授業、部活動、補習、塾、模試、その他諸々……がギッチリと詰まった日常のなかで自らの進路を選択し、大学受験というデッドラインに向けてひたすら走ることを余儀なくされています。ひと言で言えば「忙しすぎる」のです。

この時期の子どもたちに必要なのは**余裕**です。もっと読書をしたり、人と会ったり、好きなことを見つけたりしながら、自分の人生についてたっぷり考える時間をとってほしい——いつも何かに追われているJPREPの高校生たちを見ながら、僕は内心そう思っています。

そして、**「英語に苦労しない子を育てる」ことこそが、そんな日本の状況を変えていく最短ルート**なのだと信じています。

HINT 1

英語でアカデミックなコンテンツに触れよう

CLILをやるのであれば、**アメリカの大学の一般教養課程で使われる教科書**などもおすすめです。

ここで目安となる英語力は英検準1級、TOEFL iBTで80点程度です。これはアメリカの大学に入学するために必要な水準です。また、中学卒業から高校初級程度の教科全般の知識を想定しています。

こうした本を読もうとすると、最初は知らない語彙が頻出するので、読み進めるのに苦労するでしょう。しかし、アカデミックな世界では各分野で使う用語はけっこう限られていますので、**一度単語を覚えてしまえば、どんどん読むスピードが上がっていきます。**ちょっと背伸びをするような気持ちで、いろいろな分野の教科書を読んでみてほしいと思います。

次ページ以降では、大学一般教養課程の教科書のなかでも、わかりやすく詳しく説明してあるものを中心に紹介しておきました。

この際、一つひとつの文を構造的に把握しながら読むだけでなく、パラグラフ（段落）ごとに大まかな趣旨をつかむ**パラグラフリーディング**の練習もやってみてほしいと思います。

アメリカの大学の授業では、膨大な文献・資料を事前に読んでくることが求められます。いちいち行を追いながら読んでいては、どれだけ時間があっても足りません。これはビジネスの現場などでも求められる能力ですから、将来的にも必ず役に立ちます。

英語での流し読みは高度な技術に思われるかもしれませんが、英語の文章の基本構造を知れば、それほど難しいことではありません。慣れてくると、むしろ日本語の文章のほうが、流し読みがしづらいことに気づくと思います。

というのも、**英語で書かれた学術系の文章は、一つひとつのパラグラフが「テーマ」→「トピックセンテンス」→「エビデンス」→「結論」という構造を持っている**からです。トピックセンテンスを拾い読みしていくだけでも、かなり正確に流れをつかむことができます。

Book

Comparative Politics Today [11th Edition]（G. Bingham Powell, Jr. 他 / Pearson）

外国の政治制度についての知識がないせいで、海外のニュース英語が理解できないということがあります。本書は、その基礎知識を補ううえで最適な比較政治学の教科書です。米英だけでなく、日本を含む主要先進民主主義国や中国、ブラジルなどの政治・経済について理解が深まります。

© Pearson

Book

Civilization: The West and the Rest（Niall Ferguson / Penguin Press）

歴史学ならこれ。ハーバード大学で活躍してきた経済史の大家ファーガソンの名著です。なぜアメリカや西欧諸国が近代を席巻し得たのかを、競争・科学・所有権・医学・消費・労働という6つのキーワードで読み解いていく一冊。

Book

History of Western Philosophy（Bertrand Russell / Routledge）

哲学ならこの一冊。「ラッセルのパラドックス」などで知られるイギリス出身の哲学者・論理学者・数学者、ラッセルの「西洋哲学史」です。800ページ近い大著ですが、高校の「倫理」で気になった哲学者の項目を拾い読みするだけでも、良質な知的体験ができると思います。

Book

Sociology [8th Edition]（Anthony Giddens and Phillip W. Sutton / Polity Press）

社会学の入門書として紹介しておきます。社会とは何か、家族とは何か、逸脱行動とは何かなどを、平易な英語で説明しています。社会科学全般の教科書に言えることですが、慣れてくると、日本語訳よりも英語のオリジナルのほうがわかりやすく感じられるはずです。

© Polity Press

Book

Campbell Biology [10th Edition]（Jane B. Reece 他 / Pearson）

自然科学ならこの一冊。アメリカの一般教養課程でよく使われる生物学の教科書の定番です。

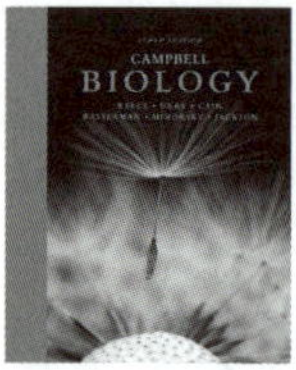

© Pearson

HINT 2

フィクションの読み物に挑戦しよう

CLILというと、学校の教科学習を念頭に置きがちですが、そこで使うコンテンツがノンフィクションである必要はありません。むしろ、ボキャブラリーを増やしたり、文法知識を深めたり、独特のレトリックを学ぶうえでは、**世界文学やファンタジーなど、フィクションジャンルの本に触れる**のも効果的です。

ただし、**文学作品はアカデミックな文章よりもハードルが高くなる**可能性があります。意外に思われるかもしれませんが、フィクションは場面転換に伴って登場する語彙も変わりますし、登場人物によって言葉遣いも違います。パラグラフライティングのルールもないので、読み手が丁寧に流れを追っていく必要があります。

かといって、読み手の英語力に合わせて簡単すぎるフィクションを選んでしまうと、今度はコンテンツの対象年齢が下がってしまい、お子さんが楽しめなくなる可能性もあります。285ページで紹介したレクサイル指数も手がかりにしながら、お子さん自身が気に入る一冊に出会えるようにサポートしてあげてください。

Book
To Kill a Mockingbird (Harper Lee / HarperCollins)

アメリカでは「高校生が読むべき本」のリストに必ず入っている一冊です。大学の授業は、「こうした本を読んでいる」という前提で進められるので、留学を考えている子はぜひ。アラバマ州での、ある黒人の裁判における、白人陪審員の偏見と人種差別を描いています。

Book
WiCKED (Gregory Maguire / Headline Review)

世界的な名作ファンタジー『オズの魔法使い(The Wonderful Wizard of Oz)』のスピンオフストーリーです。敵役だった「西の悪い魔女」の視点から物語が進んでいきます。日本語で『オズの魔法使い』を読んだことがあれば、それを手がかりに読み進めることができます。映画化が決定しているほか、ミュージカルにもなっているので、いろいろなかたちで作品を楽しむのもおすすめです。

Book

Norwegian Wood（Haruki Murakami / Vintage）

日本文学を英語に〝逆輸入〟して読むのも、自分の世界を外から見る視点を持つきっかけになります。『ノルウェイの森』をはじめとして、世界中で絶大な人気を誇る村上春樹さんの作品は、英語で読んでもとても美しく味わい深いと定評があります。

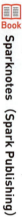

Book

Sparknotes（Spark Publishing）

http://www.sparknotes.com/

最後はやや「裏ワザ」的ではありますが、読書ガイドシリーズです。ボキャブラリーや表現が独特で、一筋縄でいかない世界の名作文学が、短くわかりやすいダイジェスト版にまとめられています。読書本来の楽しみは半減するかもしれませんが、最初のとっかかりとしては検討してもいいでしょう。シリーズと連動したサイトでは、「現代語訳」したシェイクスピアのテキストなどが無料で読めるようになっています。

HINT 3
日本にいながら海外体験

海外ホームステイ体験なども含めて、高校生のうちに英語圏の学校に**短期留学**するのもおすすめです。とはいえ、費用や期間の問題、それに何より、親御さんの不安などもあって、なかなか難しいというご家庭もあるでしょう。

そんな場合は、**日本にいながら国内で海外体験ができるプラン**を利用してみるのも手です。このようなプログラムに参加し、実際に英語を使う経験をしてみると、本人のなかにも自信が生まれ、のちに留学をする際の心の準備にもなります。

また、**オンライン英会話**にもさまざまなサービスが登場していますので、自宅にいながらでもある種の海外体験が可能になっています。大人向けのものだけでなく、子どもでも利用可能なサービスがありますので、まずはいくつかを「お試し」で利用してみるといいのではないでしょうか。

Web

ブリティッシュ ヒルズ

http://www.british-hills.co.jp

福島県・羽鳥湖高原にある広大な敷地に建てられた宿泊施設です。エリア全体に中世のイギリスのような街が再現されており、異文化体験と語学研修をセットにした「英語カルチャーレッスン」というサービスを提供しています。

Web

ザ・ヤングアメリカンズ

http://www.jibunmirai.com/yajapan.html

学校やコミュニティを訪れ、子どもたちと数日間をかけて歌やダンスのショーをつくり上げる「ミュージック・アウトリーチ」という活動を行っているＮＰＯ団体です。日本ではじぶん未来クラブというＮＰＯ法人が企画・運営を手がけていますが、ワークショップ自体は英語で行われます。

Web
レアジョブ英会話
https://www.rarejob.com/
「フィリピン人講師によるオンライン英会話」として有名になったサービスです。非ネイティブとしては世界一の英語力を誇るフィリピン人ですが、英語圏以外の人が話す英語に触れるいい機会になります。子どもの指導に慣れた講師もいるうえ、レッスン料が破格に安いのも魅力です。

HINT 4
海外留学は人生そのものを変える

いろいろなテクノロジーを使って海外体験をするのもすばらしいですが、やはり実体験、とくに**海外留学**にはかないません。
夏休みなどを使った1カ月の海外留学だけでも、子どもには一生モノの体験になります。自治体の交換留学制度などを使うのもいいでしょうし、最近では、ゴールデンウィーク短期留学などを企画する団体もあるようです。

子どもたちが打ち込んでいることと組み合わせて、海外に行かせてみるのもいいでしょう。まだ英語に自信がないという子でも、スポーツや音楽といった共通項があれば、意外と簡単にコミュニケーションは取れてしまいます。そんな体験をするだけで、英語への苦手意識を克服するきっかけになったりもします。

海外大学への進学を考えているなら、ぜひ親子で現地を見学しましょう。毎年のJREPサマーキャンプでも、コネティカット州・ニューヘイブンにあるイェール大学まで、生徒たちを連れていくようにしています。

最初は物怖じしていた生徒たちも、現地の学生や教授たちからいろいろな話を聞くうちに、次第に顔つきが変わっていきます。そのたびに、現地に飛び込むことでしか理解できないことは、どこまでいってもやはりあるのだと実感します。

僕のはじめての留学体験は、大学3年生（21歳）のときのカリフォルニア大学サンディエゴ校（UCSD）でした。この留学こそがすべてのはじまりだったと感じます。現地で講義を受けたときの衝撃は、いまだに忘れません。

じつを言うと、それまでの僕は「学校の勉強って楽しい！」と感じた経験がほとんどありませんでした。もっとシンプルに言えば、学校の授業が嫌いでしたし、小学校から高校までを振り返っても、ほとんどいい思い出がありません。

大学に進学してからも、集団で講義を受けているのに、学生同士で議論をするわけでもなく、延々と先生のレクチャーが続くのにはがっかりしました。ほとんどの同級生たちもいやいや授業につき合っていましたから、そんな雰囲気のなかに身を置くのが苦痛で仕方なかったのです。

ですから僕は、**この留学のときに初めて本物の学問に触れ、学ぶことの本当の喜びを味わえた**のだと思っています。テキストを読み、議論しながら理解を深める。そうしたトレーニングを繰り返すうちに、表現力も身につく。このような学びのスタイルこそ、日本の教育に欠けているものだと気づいたのです。そんな留学体験ができた僕は、本当に幸運だったと思います。

日本の学校で楽しく学べることがいちばんですし、日本の教育もこれから少しずつよくなっていくでしょう。

それでもやはり**留学には、お子さんの人生を左右する力があります。**もしお子さんが壁にぶつかってもがいているようであれば、（もちろん本人の意思次第ですが）海外留学に向けてそっと背中を押してあげるのもいいかもしれません。

＊　＊　＊

ここで、僕が普段からＪＰＲＥＰの生徒にかけている言葉を紹介したいと思います。

高校生のあいだに、大学生のように本を読みなさい。
大学生になったら、大学院生のようにレポートを書きなさい。
大学院生になったら、世界の最先端に身を置きなさい、つまり留学しなさい。
２つ以上の専門を身につけ、世の中に新しい価値を提供できる人間になりなさい。
大学入試の点数くらいしか自慢するものがない大人にはならないでください。

Epilogue

「世界で通用する人」とは?

「淳さん、どうして彼らは、東大卒なのに〝できない〟んでしょうか?」

海外の一流の大学院でMBAを取得し、世界中にオフィスを構えるいわゆるグローバル企業で管理職を務める知人から、こんな質問をされたことがあります。

彼が勤めている企業の日本法人には、毎年、有名大学を卒業した新人たちが入社してきます。ところが、彼らにはガックリさせられることが多いのだそうです。

「とくにどの点で〝できない〟と感じますか?」と僕が質問を返すと、彼は答えました。

「2つですね。まず、英語ができない。そして……学力が低い」

英語力については十分書いてきましたが、「難関大出身者の学力が低い」というのは、意外に感じるかもしれません。ただ、僕には内心思い当たることがありました。

端的に言えば、日本とアメリカでは「学力」の定義が違うのです。

日本で言われる学力とは、「過去」に学んできた結果です。ですから、大学入試でも、これまでどれだけのことを学んできたかをペーパーテストで測定します。テストには明確な正解や模範解答が用意されているので、たいていはこれを暗記しさえすれば、大学には合格できてしまいます。大学に入ったあとも、講義の試験対策はあいかわらず過去問研究ですし、法曹になるにも公務員になるにもひたすら試験勉強です。

言ってみれば、「日本のエリート」が誇れるのは「過去」の学力、しかも、たかだか20歳前後の学力でしかありません。僕も国会議員として永田町にいたときには、ある人から「霞が関にいる官僚たちは、入省時が頭脳のピーク。あとは年々、バカになっていくんだよ」などと冗談めかして言われたことがあります。

他方、アメリカの大学、とくにイェールやハーバードのような一流大学では、「将来」にわたって学び続ける力が求められます。ペーパーテストもありますが、知識をどれだけ暗記しているかよりは、「自分の答え」をその場でつくらせる出題が中心です。つまり、思考と表現の方法論を体得してきた学生が切磋琢磨しているのです。

また、入学後に研究したいことなどをまとめた「志望動機書」も重要な評価対象です。大学はこれを見ながら、その子の入学〝後〟の伸びしろを見極めようとします。将来的に学び続ける潜在能力こそが、その子の「学力」だという発想がベースにあるのです。

その外資コンサルの彼が期待しているのは、後者の意味の学力、つまり、本書が「知力」と呼んできたものです。この点が食い違っているからこそ、彼は「学力が低すぎる新人たち」にフラストレーションを感じるのでしょう。

JPREPの生徒たちの保護者から「海外の一流大学に入るためには、何が必要ですか?」と聞かれたとき、じつは僕も、その彼と似た答え方をしています。ただ、僕が考える要件は2つではなく、3つです。

一つは**英語力**。英語圏の大学に行くわけですし、学問の世界では英語が共通語ですから、英語ができることは大前提です。

そして、もう一つが**学力**。もちろんこれは、自分の頭で考えて、自分の関心に基づいて未来のために学び続ける力、つまり、知力のことです。

では、最後の3つめは、何だと思いますか?

僕は、**他者に貢献する力**と答えるようにしています。

実際、アメリカの教室では「ほかの生徒の学びへの貢献度」を評価する文化があります。たとえ生徒の意見が間違っていても、それがほかの学生の学びにとってプラスになれば、先生は必ず「Thank you. Very good. You are getting there.」などと答えます。

学生たちも「これはほかのみんなのためになるはずだ」と信じているので、質問をすることもためらいません。先生も当然「Good question!」と言います。これは質問の切り口が「すばらしい」という以前に、みんなの理解を深める機会をつくっていることが「すばらしい」のです。

アメリカの大学を受験する際に「推薦状」が求められるのも、「この学生は学問を通じて他者にどれだけ貢献できる人材なのか」が問われているからです。そして、「この学生は周囲にポジティブな影響をもたらすだろう」と見込まれたときに、初めて入学を許可されます。

「他者の学びに貢献する」――この感覚こそが、日本の子どもたちに最も欠けているものです。テストでいい点数を取れば、「自分ががんばったからだ」と信じて疑いません。自分の成績には「私的所有権」を主張して当然だという文化が根づいているのです。
しかし、そんな気持ちでアメリカの大学に行くと、きっと苦労します。
いや、日本だろうと、外国だろうと、それは同じです。

＊　＊　＊

ですから、親御さんや教員のみなさんも、ぜひいま一度考えてみてください。
英語をマスターすることで、子ども／生徒にどうなってほしいのでしょうか?

同級生に成績で差をつけてほしい?
いい学校に受かってほしい?
給料の高い仕事に就いてほしい?
世界のどこでも楽しく暮らしてほしい?

どれも大切なことだと思います。

しかし、本当にこれだけでしょうか？
英語を通じてたくさんの人の役に立てる子になれたら？
すばらしいと思いませんか？

それこそが本当の意味で世界で通用する人ではないでしょうか。
僕はそう信じてこの仕事をしています。
ここまでお読みいただき、本当にありがとうございました。

なお、本書執筆に際し、多くの先生方や弊塾スタッフに意見をいただきました。しかし、本書の内容・事実関係について誤りがあるとすれば、当然ながら著者が全面的にその責任を負うものであります。

最後に、著者としてこの本を、母、斉藤よし子に捧げます。逆境にある息子を、つねに一歩距離を置きながらあたたかく見守り続けてくれた母の愛情が結実したのが、この本だからです。Mom, I love you!

斉藤 淳

- Saville-Troike, M., & Barto, K. (2016). *Introducing second language acquisition.* Cambridge University Press.

- Sheen, Y. (2010). Differential effects of oral and written corrective feedback in the ESL classroom. *Studies in Second Language Acquisition*, 32(2), 203-234.

- Skehan, P. (1998). *A cognitive approach to language learning*. Oxford University Press.

- Spada, N., & Tomita, Y. (2010). Interactions between type of instruction and type of language feature: A Meta-Analysis. *Language Learning*, 60(2), 263-308.

- Swain, M. (1993). The output hypothesis: Just speaking and writing aren't enough. *Canadian Modern Language Review*, 50(1), 158-164.

- Swain, M. (1995). Three functions of output in second language learning. *Principle and practice in applied linguistics: Studies in honour of HG Widdowson*, 2(3), 125-144.

- Swain, M. (2005). The output hypothesis: Theory and research. *Handbook of Research in Second Language Teaching and Learning*, 1, 471-483.

- 和泉伸一 (2009)『「フォーカス・オン・フォーム」を取り入れた新しい英語教育』大修館書店

- 村野井仁 (2006)『第二言語習得研究から見た効果的な英語学習法・指導法』大修館書店

- 吉田研作 (2010)「日本の英語教育政策の理念と課題——一貫した英語教育体制の構築を目指して」田尻英三・大津由紀夫編『言語政策を問う!』ひつじ書房

- Gilmore, A. (2007). Authentic materials and authenticity in foreign language learning. *Language Teaching*, 40, 97-118.

- Kormos, J. (2014). *Speech production and second language acquisition.* Routledge.

- Krashen, S. (1982). *Principles and practice in second language acquisition.* Pergamon.

- Krashen, S. D. (1985). *The input hypothesis: Issues and implications.* Addison-Wesley Longman Ltd.

- Lightbown, P. M., & Spada, N. (2013). *How languages are learned* (4th ed.). Oxford University Press.

- Loewen, S., & Sato, M. (2017). *The Routledge Handbook of Instructed Second Language Acquisition*. Routledge.

- Long, M. H. (1996). The role of the linguistic environment in second language acquisition. *Handbook of Second Language Acquisition*, 2(2), 413–468.

- Muñoz, C. (2006). *Age and the rate of foreign language learning* (Vol. 19). Multilingual Matters.

- Nassaji, H. & Kartchava, E. (2017). *Corrective Feedback in Second Language Teaching and Learning*. Routledge

- Noels, K. A., Pelletier, L. G., Clément, R., & Vallerand, R. J. (2000). Why are you learning a second language? Motivational orientations and self-determination theory. *Language Learning*, 50(1), 57-85.

- Norris, J. M., & Ortega, L. (2000). Effectiveness of L2 instruction: A research synthesis and quantitative meta-analysis. *Language Learning*, 50(3), 417-528.

- Oxford, R. L. (1990). *Language learning strategies: What every teacher should know*. Newbury House.

- Richards, J. C., & Rodgers, T. S. (2001). *Approaches and methods in language teaching* (2nd ed.). Cambridge University Press.

- Ryan, R. M., & Deci, E. L. (2000). Self-determination theory and the facilitation of intrinsic motivation, social development, and well-being. *American Psychologist*, 55(1), 68.

参考文献

- Asher, J. J. (1966). The Learning Strategy of The Total Physical Response: A Review. *The modern language journal*, 50(2), 79-84.
- Baker, C. (2011). *Foundations of bilingual education and bilingualism* (5th ed.). Multilingual Matters.
- Bialystok, E. (2001). *Bilingualism in development: Language, literacy, and cognition*. Cambridge University Press.
- Bialystok, E. (2009). Bilingualism: The good, the bad, and the indifferent. *Bilingualism: Language and cognition*, 12(1), 3-11.
- Bialystok, E. (2011). Reshaping the mind: The benefits of bilingualism. *Canadian Journal of Experimental Psychology / Revue canadienne de psychologie expérimentale*, 65(4), 229.
- Celce-Murcia, M., Brinton, D. M., & Snow, M. A. (2014). *Teaching English as a Second or Foreign Language* (4th ed.). National Geographic Learning.
- Costa, A., & Sebastián-Gallés, N. (2014). How does the bilingual experience sculpt the brain?. *Nature Reviews Neuroscience*, 15(5), 336-345.
- Craik, F. I., Bialystok, E., & Freedman, M. (2010). Delaying the onset of Alzheimer disease Bilingualism as a form of cognitive reserve. *Neurology*, 75(19), 1726-1729.
- DeKeyser, R. M. (2000). The robustness of critical period effects in second language acquisition. *Studies in second language acquisition*, 22(4), 499-533.
- Dörnyei, Z. (2001). *Teaching and researching: Motivation*. Longman.
- Dörnyei, Z., & Ushioda, E. (Eds.). (2009). *Motivation, language identity and the L2 self* (Vol. 36). Multilingual Matters.
- Ellis, N. C. (2009). Optimizing the input: Frequency and sampling in usage-based and form-focused learning. *The handbook of language teaching*, 139.
- Gass, S. M. (2013). *Second language acquisition: An introductory course*. Routledge.

おわりに

藤田悠（編集者）

斉藤淳先生の『ほんとうに頭がよくなる 世界最高の子ども英語』、いかがでしたでしょうか？ まことに僭越ながら、本書の担当編集の立場から、「あとがき」を書かせていただきます。

私は現在36歳、2児（5歳と3歳の男の子）の父です。同世代の親たちが「子どもの英語教育」に並々ならぬ関心を抱いていることは、以前から実感していました。

大学時代の友人たちと話していても、「娘・息子には英語だけは習わせるつもりだ！」などと意気込む声がよく聞こえてきます（学生時代に彼らが英語を勉強していた記憶は、ほとんどありませんが……）。

一方で、彼らの一人がポツリとこう漏らしました。

「でも……〝英語ができるだけのヤツ〟にもなってほしくないんだよなあ」

この言葉には私も大いに共感を覚えます。日本でもこれだけ英語教育改革が騒がれている以上、息子たちが大人になるころには、「英語が話せるだけ」では大した希少価値はなくなっているでしょう。

「『子ども英語』の本をつくるからには、〝英語のさらにその先〟にも応えられる内容にしたい！」——そんなことを企画スタートの段階で斉藤先生にお伝えしました。

そうして生まれたのが本書です。

＊　＊　＊

斉藤先生と本をつくるのは、じつはこれで2冊目です。

『世界の非ネイティブエリートがやっている英語勉強法』の企画書を持ってご相談に上がったのが、２０１２年の秋のこと。当時のＪ ＰＲＥＰは、小さなクリーニング屋さんの上階にある「町の塾」といった感じで、斉藤先生はイェールから日本に帰ってきて英語塾をはじめた〝変わり者〟でした。

それでも先生は「ここまで歪んだ常識が蔓延《はびこ》っている分野も珍しいですから、〝当たり前のメソッド〟を伝えるだけで十分です」と、大きな成果を確信しているご様子でした。

結局、その予言は正しかったことになります。当時50人ちょっとだった生徒数は、いまやその何十倍もの規模になり、塾の校舎も拡張に次ぐ拡張……。先生の言葉を信じていなかったわけではありませんが、短期間でこんなことになるとは夢にも思いませんでした。

とはいえ、「やはりこれは偶然ではないのだ！」と確信したのも事実です。企画の参考として、キッズクラスを見学させていただいたときのこと。ネイティブの先生が質問をすると、教室にいる6～7歳の子どもたち12人が全員、目を輝かせながら元気に手をあげています。おまけに受け答えは、カタコトの単語ではなく立派なセンテンスです。通いはじめて1年足らずの子どもたちなのだと聞いて、なおさら驚きました。

本書には決して、飛び道具的な方法は入っていません。これさえあれば大丈夫という「魔法の杖」もありません。実践のバリエーションやおすすめ教材はふんだんに盛り込まれていますが、根底にあるのは〝当たり前〟のシンプルなメソッドです。

しかし、その「威力」をキッズクラスで目の当たりにしたからこそ、余計な混ぜものをすることなく、一冊を編み上げることに専念させていただきました。

もし「この本は『当たり前のこと』しか書いてない！」と感じられたのなら、その読者さんはすでに正しい知識を十分お持ちなのだと思います（あとは実践あるのみ‼）。

一方、「知らなかった！」「読んでよかった！」という発見を一つでもしていただけたのだとすれば、担当編集としてもホッと胸を撫で下ろす次第です。

＊　＊　＊

さて、本書の制作にあたっては、たくさんの方に助けていただきました。

本書の企画段階から打ち合わせに何度もご参加いただいたＪ ＰＲＥＰの苅谷夏彦先生、高島まゆみ先生、野崎和奈さん、第二言語習得理論の研究状況に関して多数のアドバイスをいただいた元Ｊ ＰＲＥＰ講師の菅清隆先生（ミシガン州立大学大学院修士課程）と現役講師の江口政貴先生（早稲田大学大学院博士課程）、生徒や保護者との対話から得られたエピソードや2児の母としての実感をお話しくださった斉藤尚美先生、そして、エピソードに登場していただいた佐藤奏二先生、みなさまのご助力なしには本書は完成しませんでした。

また、本書の制作にあたっては、ライターの佐藤智さん、デザイナーの西垂水敦さん(krran)、松好那名さん（matt's work)、イラストレーターの大原沙弥香さん、ニッタプリントサービスさんに多大なるお力をお借りしました。

著者の斉藤淳先生とともに、心より感謝申し上げます。ありがとうございました！

＊　＊　＊

「藤田さん、僕は塾なんてなくなればいいと思っているんですよ」

本書をつくる過程で、斉藤先生は何気なくそう言いました。

英語塾の代表とは思えない、ちょっと衝撃的な発言です。

日本の公教育で「当たり前の英語指導」が行われるようになり、子どもたちの英語力や知力がまともに育つようになれば、本来は塾なんて不要になるはずだし、そのほうが理想的だ——きっとそうおっしゃりたかったのだと思います。

もしその一助となる書籍のお手伝いをできたのだとすれば、編集者としてもこんなにうれしいことはありません。

※お知らせ

本書の「サポートページ」を開設いたします。

おすすめ教材や学習用コンテンツ、その他の最新情報を不定期で更新予定です！

詳しくは、ダイヤモンド社サイト上にある本書「商品ページ」をご覧ください。

こちら → https://www.diamond.co.jp/book/9784478102374.html

【著者紹介】

斉藤 淳（さいとう・じゅん）

J PREP 斉藤塾代表／元イェール大学助教授／元衆議院議員。

1969年、山形県生まれ。イェール大学大学院博士課程修了（Ph.D.）。研究者としての専門分野は比較政治経済学。ウェズリアン大学客員助教授、フランクリン・マーシャル大学助教授、イェール大学助教授、高麗大学客員教授を歴任。

2012年に帰国し、中高生向け英語塾を起業。「第二言語習得理論（SLA）」の知見を最大限に活かした効率的カリキュラムが口コミで広がり、わずか数年で生徒数はのべ3,000人を突破。海外名門大合格者も多数出ているほか、幼稚園や学童保育も運営し、入塾希望者が後を絶たない。

著書に『世界の非ネイティブエリートがやっている英語勉強法』（KADOKAWA）、『10歳から身につく 問い、考え、表現する力』（NHK出版新書）、また研究者としては、第54回日経・経済図書文化賞ほかを受賞した『自民党長期政権の政治経済学』（勁草書房）がある。

- Twitter　@junsaito0529
- J PREP 斉藤塾
  https://j-inst.co.jp/
- J PREP KIDS（学童保育）
  http://jprep.jp/kids/
- Sunnyside International Kindergarten（インターナショナル幼稚園）
  http://jprep.jp/sunnyside/

ほんとうに頭がよくなる
世界最高の子ども英語――わが子の語学力のために親ができること全て！

2017年12月6日　第1刷発行

著　者――斉藤 淳
発行所――ダイヤモンド社
〒150-8409　東京都渋谷区神宮前6-12-17
http://www.diamond.co.jp/
電話／03･5778･7234（編集）　03･5778･7240（販売）
装丁――――西垂水敦（krran）
装丁イラスト―大原沙弥香
本文デザイン―松好那名（matt's work）
本文DTP――ニッタプリントサービス
製作進行――ダイヤモンド・グラフィック社
印刷――――勇進印刷（本文）・加藤文明社（カバー）
製本――――ブックアート
編集担当――藤田 悠（y-fujita@diamond.co.jp）

ISBN 978-4-478-10237-4